[人物传记创作参考书]

怎样写人物传记

贾英华 著

作家出版社

目 录
CONTENTS

[第一章] 中国传记文学的"根"在哪里？／001

[第二章] 什么是人物传记／013

[第三章] 撰写人物传记的"四项原则"／017

[第四章] 怎样搜集资料／025

[第五章] 如何核实史料／041

[第六章] 怎样撰写人物年谱或大事年表／047

[第七章] 如何起书名和调整思路　053

[第八章] 人物传记的开头怎么写／067

[第九章] 刻画人物七诀窍／085

[第十章] 人物传记内容的取舍与语言凝练／097

[第十一章] 关于人物细节的描写及虚构／105

[第十二章] 撰写人物传记须注意行文规范／115

[第十三章] 怎样写人物传记的结尾／125

[第十四章]　如何撰写历史人物传记 / 139

[第十五章]　如何评价历史人物和现当代人物 / 151

[第十六章]　怎样续修家谱 / 161

[第十七章]　区别人物传记的不同体裁 / 173

[第十八章]　怎样撰写自传 / 179

[第十九章]　怎样写回忆录 / 195

[第二十章]　口述自传的撰写 / 209

[第二十一章]　老年人画传的撰写 / 219

[第二十二章]　儿童画传的撰写 / 225

[第二十三章]　人物传记与传记影片 / 231

[第二十四章]　传记文学作品的权益保障 / 243

[第二十五章]　当今人物传记创作的几种趋向 / 255

[第二十六章]　创作史诗性的时代人物传记作品 / 261

[附录]　为历史留下鲜活细节——创作人物传记的点滴体会 / 275

[后记]　／285

[第一章]

中国传记文学的"根"在哪里?

盐打哪儿咸,醋打哪儿酸——创作人物传记,焉能不知传记文学的源头?

这儿说的不是他山,而是自身。攻玉者哪怕只是略懂一二,也须知晓。

否则,便成了无本之木。

中国传记文学历史悠久,源远流长。然而对于中国传记文学的渊源,历来有几种不同的说法。

一
中国传记文学溯源

关于中国传记文学的源头,在众多说法之中,最典型的有这样三种:

1. 中国传记文学可以追溯到司马迁的《史记》"列传"

纵观浩瀚史籍,《史记》这部书,在中国古代文献中显然具有独特的历史地位。嗣后的历代史书,无一不程度不同地从中汲取了丰富营养。尤其在人物传记方面,《史记》堪称"开先河"之作。因为,它不仅在人物撰写的基本体例、记述形式等方面提供了有意义的借鉴,还在具体入笔的方式上,给后人提供了典型样板。

《史记》所开创的人物"纪传"体例,从传主的身世、籍贯以

开创"纪传"文体的《史记》作者司马迁

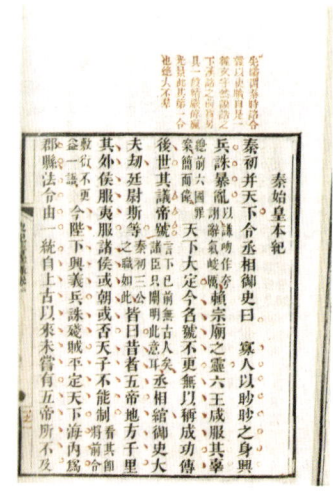

线装书《史记》

及基本体貌特征,到其整个人生经历,大都有一个概括叙述。乃至列传结尾,几乎都少不了对其人物的评价。时至今日,《史记》对于传统人物的刻画,仍然有重要的借鉴作用。

譬如,《史记》中对于西楚霸王项羽的外貌描述,"长八尺余,力能扛鼎,才气过人",细微到形容其五官——双眼"重瞳"云云,这对于历史人物的记述,可谓极为传神。再如,项羽和刘邦二人同样见到秦始皇巡游,一个说"彼可取而代也";另一人则说,"嗟乎,大丈夫当如此也"。

从中不难看到,楚汉争霸的对手性格的截然不同。一个是胸无城府的粗鲁莽汉,另一个则是深沉而颇有心机的政治家。《史记》对此细节的记述,实际已隐隐透露出楚汉相争的最终结局。

这正是《史记》笔法的高妙之处。也正因有此类诸多的"春秋笔法",《史记》成为千古不朽的传记典范。从中足可看出,《史记》中不乏对于人物的文学性的描写,使人顿感相隔千年的历史人物俨然伫立面前,栩栩如生。细细品味起来,《史记》不仅具有人物传记的基本内容,也兼具文学色彩。完全可以说,这些构成了传记文学的基本要素。

2. 还可以追溯得更远——甲骨文的记载

已出土的珍贵文献可以证明,人类在甲骨文时代便已产生了人物传记的雏形。在中国,迄今为止,世人所能见到的较早的古代文字,便是刻在龟甲兽骨上的人类文字——"甲骨文"。甲骨文献中"人"字的出现,显现了当时对于人物记载的客观事实,同时,也为传记文学的形成提供了重要的历史条件。

最有说服力的例证,无疑是1936年6月,考古学者在河南安阳所遗存的一万七千多块龟甲兽骨之中，竟然发现有二百多块甲骨文详细记载了一位叫"妇好"的女人。她不仅勇猛善战，还先后嫁给了四位身份显赫的君王。而这些刻写着卜辞的龟壳，几乎全部源自商朝最具权威的君王之一——商王武丁时期。一条卜辞中详细记载着，妇好曾经带领三千兵马加入君王的军队，前去征伐远方的其他国家：

"贞，登妇好三千，登旅万，乎伐。"

近些年来，通过被不断破译的卜辞，考古人员发现了妇好居然是武丁的三位尊贵的王后之一。而且，这些卜辞明确记载着，妇好不仅再嫁，还先后嫁给了三位不同的君主。卜辞是这样记载的：

"贞，妇好有娶？"

饶有意味的是，在卜辞记载中，又至少反复出现三次询问——"妇好嫁了吗？"实际上，妇好三次再嫁的结论，也赫然刻写在卜辞之中：

——大甲已娶妇好；成汤已娶妇好；祖乙已娶妇好。

继而，考古工作者在安阳墓葬出土的文物当中，又竟然意外发现"妇好"不仅贵为一国之"王后"，还居然是一位手持武器——钺而冲锋陷阵的神奇女将军。

随着卜辞不断破译，这位神奇人物的身份终于变得十分清晰——妇好以王后的身份亲自率领过三千兵马四处征战，一生中还曾经三次再嫁，甚至连她手持什么武器卜辞中都表述得清清楚楚。完全可以这样说，甲骨文对这位神秘女人的记载，正是中国历史上最早的一篇人物传记。不难发现，这种问答方式的详尽记述，正是人物传记的真实性和文学性所在。

经过一个多世纪的考古研究，后人发现，这篇以甲骨文记述的

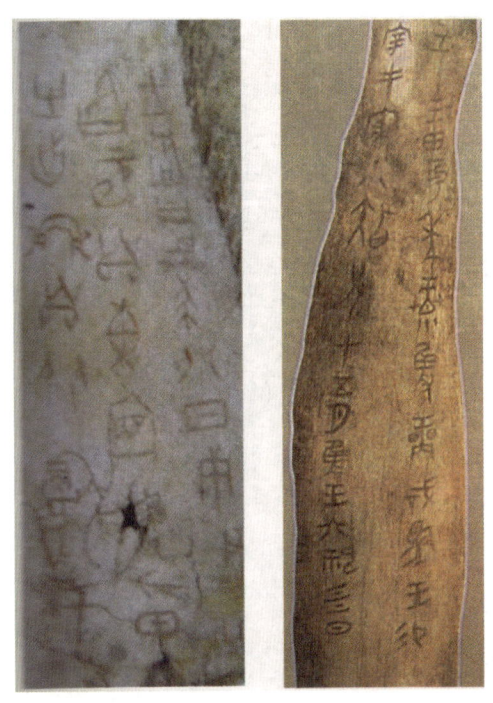

殷墟出土的甲骨文

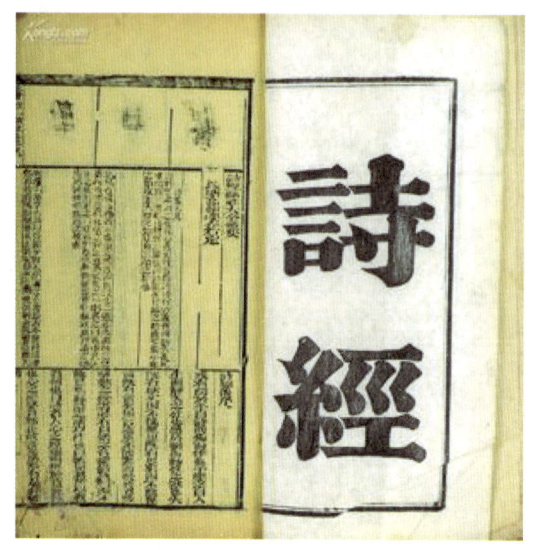

中国最早古文献之一《诗经》

传记文学,不仅生动记载了一位历史上最早有文字可考的女将军,也清晰而约略反映了一个远古王朝的兴衰史。①

3. 还可溯至《诗经》中的"风雅颂"

另外有这样一种观点,即中国古代五千年历史,自从设置了专门记述历史的史官,便开始有了"人物传记"的雏形;最初,传记只不过是史学当中的一部分,最终才从史学中分化出来,而形成单独的一翼——传记文学。

倘若忽略细微的观点差异,这个结论恐怕从无争议——源自《诗经》②,乃至《史记》等古典文献作品,已然形成了中国传记文学的基本雏形。

---

① 参阅鬼月著《妇好传》,江苏凤凰文艺出版社,2016年9月版。
② 《诗经》中的《大雅·生民》,记述周民族始祖后稷的出生神奇之处以及在农业种植业方面的特殊才能,被公认为是人物传记的初始雏形。

二
如何评价我国历史上的传记文学

对于如何评价我国历史上的传记文学,各派学者始终众说不一。大致有这样几种主要观点:

一是,以现代著名学者胡适①为代表的一派,认为中国自古代以来,从没有真正的传记文学。胡适曾经阐述过这样一种观点:

"我觉得二千五百年来,中国文学最缺乏、最不发达的是传记文学。"②

二是,晚清著名学者梁启超③对中国古代传记的评价,似乎也并不太高,他曾说:中国古代传记,"几乎变成专门表彰一个人的工具。许多人以为中国史的最大的缺点就在于此处"。

三是,以现代传记评论家杨正润为代表的传记研究学者,则提出了截然不同的看法。他们认为:

---

① 胡适(1891—1962),安徽绩溪人。字适之。现代著名学者、历史学家、文学家、哲学家,新文化运动领袖,与陈独秀同为新文化运动的中心人物。1945年以中国代表团代表身份出席联合国大会,曾被聘为国民党总统府资政,担任中华民国驻美大使、北京大学校长、台湾"中央研究院"院长等。著有《中国古代哲学史》《胡适文存》《中国哲学史大纲》等。曾获诺贝尔文学奖提名。
② 引自胡适著《胡适文集·传记文学》,北京大学出版社,1998年版。
③ 梁启超(1873—1929),中国近代思想家、政治家、教育家、史学家、文学家。号任公,又号饮冰室主人。广东新会人,清光绪举人。曾和其师康有为并称"康梁",倡导变法维新。辛亥革命后一度参加袁世凯政权,担任司法总长,之后对袁世凯称帝、张勋复辟等严加抨击。他倡导新文化运动,支持五四运动,其著作辑为《饮冰室合集》。

现代著名学者胡适

近代著名学者梁启超

"从数量上看,中国传记不但不是'不发达',而是相反,数量惊人。二十四史加上清史稿,构成所谓二十五史,它们大都是官方编撰,具有权威性的著作,其中包含了总共大约三万五千多人的传记材料。如此众多人物传记构成一个国家几千年的正式的历史叙事,这是世界其他任何国家所没有的。"[①]

窃以为,对中国古代传记文学采取"历史虚无主义"的态度是不妥的。但如何客观中肯地评价中国古代及当代传记文学,乃是一个值得深入探讨的重大课题,绝不是一两句话就能妄加论断的。

---

① 引自杨正润著《中国传记不发达吗?——对一种主流学术话语的质疑》,见《传记传统与传记现代化——中国古代传记文学国际学术研讨会论文集》,中国青年出版社,2012年10月版。

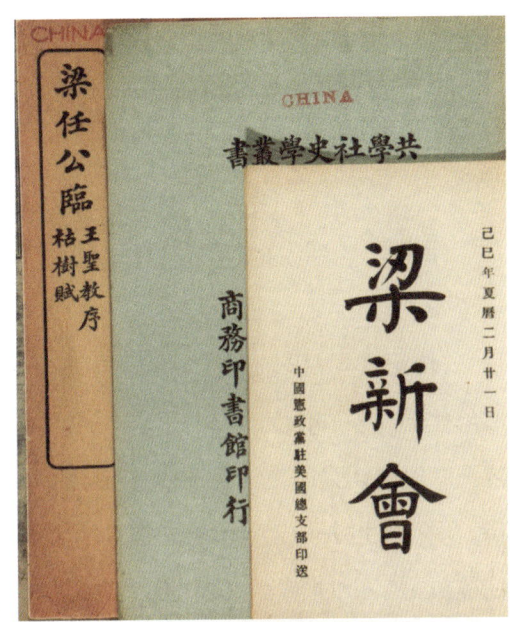

梁启超的几种著作

奋笔疾书的梁启超

一九二九年梁启超追悼会

三
传记文学的定义

什么是"传记文学"呢?《简明不列颠百科全书》中,对此给出了如下定义:

"传记文学是最古老的文学体裁之一,它以各种书面、口头、形象化的材料和回忆为依据,用文学再现作者本人或他人的生平。传记有时被认为是史学的一个分支,最早的传记常被人们当史料看待。现在举世公认,传记和史书是两种明显不同的文学形式。史书往往概括某个时期(如文艺复兴时期)、某个时期的某些人(如北美的英国殖民地居民)或某些制度(如中世纪的寺院制度)。而传记则往往集中描写一个人和他的生平特点。

"当然,传记和史书也有相同之处,那就是它们都叙述过去的事。传记文学可按其叙述对象的不同,分为两大类:传记和自传。传记又可分为两类,即依据第一手资料写成的传记和依据研究编写的传记。"[①]

以上对于传记文学的定义,应该说是明确的。然而,姑妄言——伴随时代前进的步伐,传记文学的定义仍在延伸。

[①] 引自《简明不列颠百科全书》,中国大百科全书出版社,1986年版。

四
传记文学应当归入历史还是归入文学

对于传记文学应当归入历史还是归入文学，理论界历来存有歧见，主要有两种不同观点：

一种观点是，传记文学应当归入历史。传记研究学者石玉山认为：

"传记文学是为真人立传的。这个特点决定了传记文学的重要情节，乃至那些带有关键性的细节，是不能有一点差错的。否则就会失去人们对它的信赖。如果说，没有虚构就没有小说的话，那么相反地，有了虚构就没有了传记文学。"

同样持有此种观点的传记研究学者朱文华，则更直白地说道：

"传记作品的本质属性应当也只能归入史学范畴……如果认定传记作品属于文学范畴，那么其最终必然导致传记作品因虚假而失去固有价值。"

另外一种观点则截然相反，主张将传记文学归入文学或归入小说的范畴。理由是，创作中无法避免虚构。传记文学研究学者李健采用一种形象的说法，明确主张：

"这种虚构是传记作家在纪实的框架中展开想象的翅膀的'低空飞行'，是他们在面对传主的大量零星资料时必要的剪裁。"

而另一位研究学者胡辛甚至进一步提出：

"虚构是传记的灵性所在。"

对于以上两种不同观点，毫不讳言，笔者倾向于第一种观点。进而言之，笔者更赞成曾任中国传记文学学会会长万伯翱所提出的论断：

"传记以历史为基础，但是它又离不开文学。传记文学越来越多地显示出'文史'结合的特点，而广大读者更需要的是文学性更强的传记文学作品，观察中国的传记文学，可以发现这一倾向在继续加强。"[1]

固然，理论上的辩争依然可以继续，然而，传记文学迫切需要强调真实性却是无可置疑的。

---

[1] 部分内容参考万伯翱著《传记文学中的真实、虚构与升华》，转引自《传记文学新近学术文论选》，中国青年出版社，2011年1月版。

[第二章]

什么是人物传记

并非废话——弄清什么是传记,才好动笔撰写人物传记。

所谓专家的解释未必正确——人物传记是否必须记述"名人事迹"呢?难道默默无闻的"草根英雄"不行吗?

——开篇必先正名乎。

人物传记,是真实历史的记载。虚假的历史和人物,是传记文学的耻辱。

什么是人物传记?即记述古今中外各种人物事迹的一种实用纪实文体。

什么是人物传记？对此，其实不应存在争议。

可偏偏有人强调说，人物传记是要记述"名人事迹"。这种说法对不对呢？笔者认为这种说法欠妥。无论历史名人还是平凡人物，只要有意义，都可以成为传主。凡是对于人类历史发展进程产生影响的人物，无论官位大小、尊卑高低，无疑都可以列入撰写传记的范畴。尤其是对于平民大众中的佼佼者——那些"草根英雄"更是不可忽视。

什么是人物传记呢？辞典的定义，或许可以作为参考，但不同的辞典对此释义不一。《辞海》对于"传记"的定义是：

"文体名。亦单称'传'。记载人物事迹的文章。一般由他人记述，亦有自述生平者，称'自传'。传记大体分为两大类。一类以记述翔实史事为主的史传或一般纪传文字；另一类属文学范围，以史实为根据，但不排斥某些想象性的描述。"①

这是迄今为止，对于"传记"的权威解释。

说到这里，笔者提出"传记"的另外一个定义与大家探讨：有价值的人物传记，是真实反映人类历史发展进程中典型人物的纪实载体。

为什么要讲有价值的传记呢？虚构的所谓传记不在此列，它称不上是传记，因为它没有价值。这里强调的是"纪实"。

---

① 引自《辞海》，上海辞书出版社，1980年版。

所谓人物传记,仅从撰写的篇幅来看,可长可短,既有数万字乃至数十万字的鸿篇巨制,也有数百字、数千字的人物小传;从撰写内容来看,既有记述人物生平事迹的传记,也有全面评介人物思想演变为主的评传。从作者角度来看,既有记述他人生平的传记,也有自述生平事迹的自传。此外,还有并不拘泥于一人生平事迹的"别传""外传"等,以及回忆录等各种人物传记体裁。

可以说,人物传记最生动地反映了历史发展的轨迹,是记载人类发展史的灵魂。甚至可以断言,如果没有人物传记,历史会是乏味而缺少灵动感,也是很难想象的。从这个意义来说,传记作家肩负着记述历史的重要使命。

人物传记,是真实历史的记载。虚假的历史和人物,是传记文学的耻辱。

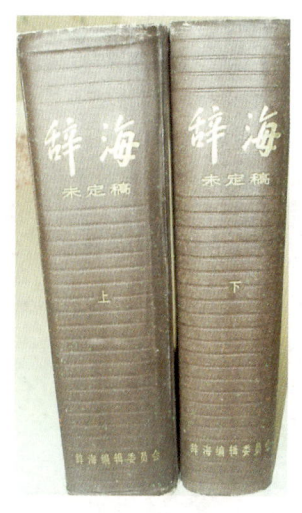

《辞海》未定稿(贾英华 收藏)

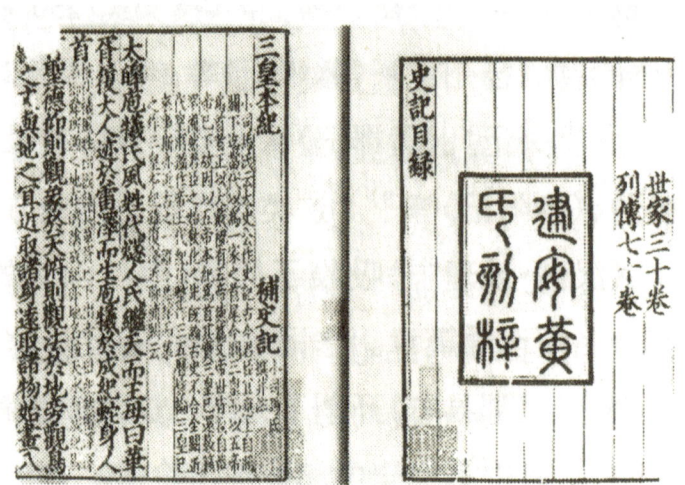

线装《史记》

第一节 《史记》开创了纪传体新史学

纪传体新史学开创的意义　《史记》的史学价值　《史记》的文学价值

中国第一部体制完备、规模宏大的历史著作,是司马迁的《史记》。司马迁(公元前145—?),字子长,左冯翊夏阳(今陕西韩城)人,西汉武帝时任太史令(图7-1)。他继承其父司马谈的遗志,决心撰写一部贯穿古今的历史著作,虽曾身受腐刑,但他以顽强的意志完成了这一历史巨著。《史记》原名《太史公书》或《太史公记》,是我国古代第一部纪传体通史。《史记》所创造的纪传体裁,被历代奉为修史的楷模。它为正史创立了体例和规模,开辟了途径,奠定了基础。这是中国史学已成长起来的显著标志。

《史记》是一部结构完整、体制完备、内容丰富的史学著作。它记事起于传

《中华文明史》对《史记》的评价

[第三章]

撰写人物传记的"四项原则"

一部成功的人物传记,至少应遵循四项原则——真实、客观、全面、生动。

无疑,这会使你笔底有"乾坤"。撰写人物传记真的可以"大事不虚,小事不拘"吗?

答案:否。

这里所讲的怎样写人物传记,即怎样撰写传记文学。

纵观古往今来的人物传记，一部成功的人物传记至少有四个主要特点，也可以说是四项原则：

一是真实。无疑，人物传记的真实性是人物传记的生命。对于人物的记述务必真实、准确，而不允许有任何虚假或编造。

真实的人物传记所撰写的是历史，真实性是首要且不容置疑的。对人物的记述必须坚持实事求是的科学态度，一是一，二是二，功是功，过是过，做到真实的人、真实的事、真实的形象、真实的语言，以真实取信，以真实感人。

有人提出，撰写人物传记可以"大事不虚，小事不拘"。对此，笔者不敢苟同，相反，主张要力争做到：大事不虚，小事也拘。对于历史细节要力求真实，而不能随意或想当然。"志属信史"①，也就是说，志传和史传一样，也必须真实可靠，符合历史事实。

对此，现代著名作家郁达夫的独到见解，至今仍有借鉴意义。他首先强调的是：

"记述一个活泼的人的一生，记述他的思想与言行，记述他与时代的关系。"

另外，郁达夫又指出了撰写人物传记的具体方法："他的美点自然应该写出，但他的缺点和特点也应该写。因为要描述一个活泼

---

① 此为清代著名学者章学诚提出。

而全的整个人,尤其不可不书。"

究竟什么样的人物传记,才算有价值呢?郁达夫曾经提出过一个标准:

"要写出新的有文学价值的传记,我们应当将他外部的起伏事实与内心的变革过程同时写出来。长处、短处,公生活与私生活,一颦一笑,一死一生,择其要者,尽量写来,才可以见得真,写得像。"

显然,郁达夫所提出的纪实要求颇有见地。他认为:

其一,人物传记不应停留在表面,而务必应当把其一生的跌宕起伏以及内心世界的真实"变革"完全记述下来。

其二,绝对不能避"讳",而要将其表面的生活以及私下人们不了解的事实——私生活,包括他的优点和缺点客观地披露出来。避,是回避;"讳",是讳莫如深——这对于传记的撰写来说,是行不通的。

《郁达夫传》中记载,郁达夫提出,对撰写人物传记务求"真实"

其三，传主一生的苦乐悲笑，尤其是关键的生死关头的真实状况，"尽量写来"，这才算真实，这才能把人物的一生写得像。

在这里，郁达夫反复强调的是一个字——真，即真实，要写出一个真实的人物。①

二是客观。对于传记人物的一生评价要客观。力求做到陈云同志所倡导的：不唯上、不唯书、只唯实。真正做到"客观"其实是很难的，因为要排除各方面的干扰，而绝不能跟"风"。

譬如，一幅经典油画《开国大典》的历史人物，几经改来改去，连教科书都先后出现过几种不同版本。正如胡适所说，历史果真成了任人打扮的小姑娘。如此反复删改，以致后人一时难以弄清历史真相究竟是怎么回事了。

三是全面。对于人物的记述不能以偏概全。功过分明，不能有任何含糊。对人物的记述必须坚持实事求是的态度，力求全面。对重大历史事件，切忌遗漏。

要做到杜绝虚构，不能任意拔高或随意贬低，据史而"秉笔直书"，必须是真人真事，以情感人。力争做到"情深而不诡""事信而不诞"。②

四是生动。叙述生动，这绝不是一条可有可无的原则。叙述生动，就是力求生动、真实而活灵活现地反映出人物的全貌。所谓成功重在细节，就是强调要把记述的人物细节写活。

力争将传主写成既具有鲜明的个性，又能体现时代特征的栩栩

---

① 引自陈力君等编著《中外郁达夫研究文选》，浙江大学出版社，2006年12月第一版。

② 原文见南朝刘勰《文心雕龙·宗经》："情深而不诡"，"事信而不诞"。

如生的血肉之躯,而不是干巴枯燥的偶像或仅有机械动作而没有大脑的机器人。

笔者曾为一位朋友的新书写过一篇序,其中提道:

往往,有益不见得有趣。而妙趣横生且有益的故事,在此书内不乏其例。有一次,中国共产党的一位早期领导人在东北讲授中共党史时,主动提出讲述历史上曾发生的"左倾路线"错误。谁知在授课当中,有人站起身来,当场质问授课人:

"阁下,你怎么能知道当时那位'左倾路线'代表人物的心理活动呢?"

只见这位领导人略微思索了一下,当即直率回答说:
"我就是那个错误路线的代表人物。"

听到这儿,举座皆惊。

杨建邺著《杨振宁传》增订版

这说明，真实的史事，往往是最生动的。以上所谓撰写人物传记的四项原则，前三项是最重要的。舍此，无法实现第四项要求。

近年来出版的《杨振宁传》(增订版)[1]，颇引起传记界内外广泛关注。笔者认为，这部人物传记除了渐臻于以上四项要求外，还颇具三个显著特点。

此书第一个显著特点是，传记作者并非隔山打虎，而是多次面对面地实地采访传主杨振宁[2]，以及杨振宁的不少同事和友人，并在增订版持续补充传主被世人关注的真实细节。这部传记不仅内容丰富且具多种角度，这是此书区别于其他根本没见过传主而四处搜罗"编写"而成的传记的特点之一。

第二个特点是，同行写同行。此书作者是华中科技大学物理学院教授杨建邺，可谓物理学教授写诺贝尔物理学奖获得者，连责任编辑徐国强也毕业于清华大学物理系。

第三个特点是，传主杨振宁首肯这部传记，且亲笔纠正了传记的个别讹误——认为这是关于他的"最好的两本传记之一"。

似应说起，笔者早在70年代便与杨振宁的前岳母——曹秀清，在溥仪遗孀李淑贤处相识。她多次谈起过女婿杨振宁的恋国

---

[1] 杨建邺著《杨振宁传》(增订版)，生活·读书·新知三联书店，2011年9月第一版。

[2] 杨振宁(1922—)，世界著名理论物理学家、诺贝尔物理学奖获得者，1922年10月1日生于安徽省合肥市。杨振宁于1954年提出规范场理论。1956年与李政道提出"弱相互作用中宇称不守恒"规律，并被实验证明而于1957年共同获得诺贝尔物理学奖。此外，杨振宁还在凝聚态物理、统计力学、量子物理、场论等多个领域作出贡献。

情怀，披露其没能在50年代归国，只因娶了国民党战犯杜聿明之女——学生杜致礼，恐归国后出现意外。故笔者一直格外留意杨振宁传记的问世。

这部人物传记，从杨振宁出生起一直写到2016年，记述了他的家世、科研成就以及社会活动和个人生活，是迄今较全面记述杨振宁的传记。此前出版的《杨振宁传》写至1999年，仅16万多字。而增订版补充了10多万字新内容，还介绍了杨振宁与翁帆的传奇恋情，以及这桩婚姻带给杨振宁的人生变化。

作者杨建邺在1996年退休之后，致信杨振宁打算撰写《杨振宁传》。岂料得到的答复是，现在不是写传记的合适时机。杨建邺决定"先斩后奏"，写完之后再说。恰巧，杨振宁于2004年回到清华，在书店偶然发现已出版的《杨振宁传》，见到书中资料基本为国内搜集，有许多内容并不准确，便主动写信给杨建邺，邀其来家一晤。经过交流，杨建邺随后对此书作了大幅度修改，纠正了许多不实之处。

作者在2004至2010年期间，曾三次采访杨振宁。他还采访了杨振宁的许多同事和友人，香港中文大学教授陈方正便讲述了不少杨振宁的有趣故事。许久以来，香港中文大学就打算授予杨振宁为荣誉博士学位，但他始终没应承。只因当时香港还未回归，若当荣誉博士须向英国学监鞠躬行礼，然而杨振宁死活不愿向英国人低头。香港回归祖国之后，他立即接受了荣誉博士学位，足见其拳拳爱国之心。

世人对于杨振宁1999年返回清华大学后的生活，尤其对他与翁帆的婚姻，无不充满好奇。此书弥补了初版这一缺憾，揭示了杨振宁与翁帆从相识到一步步走入婚姻殿堂的细节，以《上帝的礼物》为题，作了一番细致记述。2003年冬季，年逾八旬的杨振宁意外得到上帝所赐给的安琪儿——翁帆。一般外人所不知的是，2004年11月，杨振宁倏然通过网络给极少数几位亲友发送了一封电子邮件，告知自己订婚的消息：

> 我发现已是一个成熟女人的翁帆，依然保有9年前致礼和我特别欣赏的率真……噢，甜蜜的天使，你真的就是……上帝恩赐的最后礼物，给我的苍老灵魂，一个重回青春的欣喜。

有意思的是，当众人谈及法国著名作家雨果和著名画家毕加索80多岁还与18岁少女相恋的韵事，杨振宁旋即接过话茬，风趣地说，自己与毕加索完全不同——毕加索曾多次离异又多次结婚，而自己则是丧偶之后，迎娶了一位上帝遣来的"天使"。

2009年，杨振宁受聘任清华大学高等研究院名誉院长。不可不提的是，杨振宁为中美科技文化交流所作的巨大贡献，无人可比肩，也带来了极其深远的影响。客观地看，《杨振宁传》不仅是他个人的传记，更从一个特定角度反映了中国百年历史巨变的缩影。杨振宁曾微笑着对友人说，如果自己能活到120岁，会亲手写一本自传。这部《杨振宁传》所带来的思索，似乎是隽永的。

怎样才能写好人物传记，如何确保人物传记的真实、客观、全面、生动呢？搜集史料是第一位的，也就是必须全面搜集、持续占有丰富的史料，使人物传记所反映的人物生平完整无缺，准确无误。这是写好人物传记的首要前提。

[第四章] 怎样搜集资料

史料第一。此乃人物传记之"骨"。

何谓广泛搜集史料?至少应当包括八方面内容。

须以"四千"精神——千方百计、千辛万苦、千山万水、千言万语,竭力搜集第一手珍贵史料。

要使人物传记真实可信,首先必须尽可能全面搜集、占有丰富而真实的史料,使人物生平事迹完整而准确无误。

一
广泛征集史料，至少包括八方面内容

撰写人物传记的第一件事，是要尽快将被采访人的回忆、录音以及一切相关资料搜集到手。人有旦夕祸福——笔者曾经遇到过不少重大历史事件的亲历之人，尤其是年事已高的历史亲历者，当老人健在时没能及时采访，待去采访时老人已离世。为此，留下了永久的遗憾。

应当以抓紧抢救史料的态度，挖掘第一手的真实史料。被采访人道出了真实历史，连出书甚至都在第二位，重要的是留存下第一手史料——珍贵的录音、录像、照片等资料。即便不在自己手里完成这部传记作品，他人仍可以借此资料撰写成书。

这里提醒一点，采访中不仅要留下采访记录，还要尽量由本人签名，留下真实的手迹，这些史料珍贵且不可再得。史料的罕见性、独占性，颇具历史价值，应尽可能把史料准备得扎实、再扎实。

一般说来，搜集人物传记史料至少应当包括八方面基本内容：

1. 对于传主的姓字名谁——包括曾用名、笔名等，以及祖籍是哪里，属于什么民族，乃至什么性别，都要有一个基本交代。对于传主的一些重要经历，务必调查清楚。缺乏翔实内容的人物传记，往往归于失败。这绝不是笑话，有的人物传记作品，从头看到尾，竟然没有一处交代清楚传主是男是女，岂不成了笑话？

2. 关于传主的生卒年月，必须了解得非常准确。有时甚至要

了解到哪年哪月哪日几点几分，因为有时这个问题有着特定的含义。譬如，每逢见到"援朝"这个名字，便知其有可能出生于"抗美援朝"期间；见到"寅生"的名字，即可推知其大多出生于凌晨时分，也就是早晨3点至5点之间。

大凡见到人的名字当中有一个"密"字，便知其父或其母很有可能对生下此子女心生悔恨——因为古人"追补前过谓之'密'"。由此可知，一个简单的"密"字，不知隐匿了多少历史人物的秘密。传记作者须广闻博识，发他人所未发，掘前人所未知。这是传记作者的历史使命，不然，总嚼别人的馍，能有什么味道？

这里举一个例子。末代皇帝溥仪的小名由来，是因为他于丙午年壬午月午时出生，所以叫"午格"。在一位清末老太监信修明的日记上，曾记载了慈禧吩咐带"午格"进宫这一重大历史细节。如果不知道溥仪的小名及其由来，也就无从得知包括《载沣

小名"午格"的末代皇帝溥仪

日记》中记载的"午格"——上面特意遮盖着黄绫子条，究竟何许人也。

3. 传主所处的时代和环境，对于传主的毕生经历，往往有着至关重要的影响。这是不言而喻的，也当属应该弄清楚的基本内容。

譬如，《农民院士》①，记述了朱有勇从一个贫穷的赤脚农民子弟，一步步成长为院士的奋斗过程。此书开头以较大篇幅客观介绍了朱有勇幼年成长于云南拉祜族农村的艰苦环境，详细描述了他所处的时代与自然环境，叙述他当上生产队长，带头做起蒸笼使农民致富，自学成医，然后考上了大学的过程。由此为他一步步成长为院士，作了有力的铺垫。

朱有勇在云南大学留校任教后，开始夜以继日地攻关"水稻癌症"这个全世界的农业难题。在十年当中，他求学海外，归国后又辞去副校长，亲自带领团队尝试了上千个品种，终于喜获成功，而一跃成为一位受人尊敬的"农民院士"。

继而，他带领团队攻关人工种植"神仙草"——三七，直至攻克26个专项的全部技术难关，震动业界内外。一家企业打算以10亿资金独家买断三七种植技术，被他断然拒绝，他要无偿捐献给云南的父老乡亲。当他把种植成功的三七拿到拍卖会，见价格虚高时，又冒天下之大不韪，毅然喊停，凸显了农民子弟纯朴、善良的本性。朱有勇乃农民出身，又担任过农业大学校长，还是农业领域的院士，他将农业情怀视为珍贵的生命。他的一个个出人预料的意外，显示了他这位农民子弟情理之中的善举。

---

① 李春雷著《农民院士》，云南人民出版社，2021年12月第一版。

回过头来看，正因为作者恰到好处地记述了传主所处的飞跃时代和成长环境，它对于传主的毕生经历，起着至关重要的影响和作用，使读者并不感到突兀。这正是作者的成功之处。

4. 如果传主属于现当代人物，那么对此人的生平履历，诸如出生地点、求学经历、工作简历，必须有详细了解。乃至此人是否留学国外以及所上大学、研修的相关学科，对于他终生有着决定性的影响。还有他一生的基本政治经历，包括曾经加入何种党派或团体，历任过哪些重要职务。乃至传主的宗教信仰，是信奉佛教、道教还是基督教、天主教等，这些可以说明传主的基本信仰的细情，也必须深入调查，了解清楚。

5. 动笔撰写人物传记之前，对于传主的毕生主要贡献须了解并分析清楚，在此基础上详细记述其取得主要业绩的来龙去脉。如果传主是一位政治家，必须叙述清楚其一生的主要从政经历和主要政绩，以及在历史上的地位和作用。

李春雷著《农民院士》

如果传主是一位社会学者，自然要弄清楚此人主要社会贡献和著作以及社会评价。如果传主是一位科学家，对其发明贡献在科技史——在国内乃至在世界的地位及评价，也要实实在在且有根有据地记述清楚。

在人物评价方面，宜引用业内权威人士或专家的论定，切忌以个人名义随意评述。特别需要注意的是，力求用事实说话，尽量少用形容词。

6. 鉴于人物传记必须记述传主的本质思想，要挖掘并反映主人公生平经历中最具本质特征的典型事件，紧紧抓住并铺开解析，防止游离于主题或陷于空论。

如果传主是一位思想家，那么书内不仅要辟出专门章节记述其在思想史上的贡献，还要寻根溯源地分析清楚其思想形成的前因后果。否则，这部人物传记便成了无源之水。

7. 深入了解传主的生活习惯和癖好。一部人物传记作品若想获得成功，除主体内容以外，非在传主生活细节方面下工夫不可。外界和人们所不了解的，往往恰恰是读者想知道的。

譬如，记述领袖生平事迹的传记不少，但读者记住的却往往是书中一些生动的细节，而这些细节一般只有亲属和身边的人才知道。但这需要深入挖掘才能做到，前提是找到并能接触到这些知情人，这确是极为重要的写作之外的功夫。

8. 广泛搜集传主的实物，这方面是最容易被忽略或疏漏的。尤其要注意特别留心，广泛搜集传主的日记以及各种笔记。如果是撰写已去世的传主，那么对于其生前遗物要尽可能搜集齐全。因为一件遗物就可能隐藏着一段重要的历史记载或一个生动的故事。这往往会引起家人或亲友、同事对传主的真实追忆。

譬如，对于末代皇帝溥仪的晚年心境，读者十分好奇。不少传记书中作了描述，但大多仅是作者的猜想和推测而已。有幸的是，笔者收藏了溥仪去世前购买并始终使用的一面珍贵的圆镜子[①]。据其遗孀李淑贤回忆，溥仪最后病逝于人民医院前，上街购买了这面镜子并每天照自己日渐消瘦的病态面容。可见，他自知生命不久且仍然十分珍视并留恋世间的生活。

若仔细审视过这面残破的圆镜子，便才知这面镜子背后还印着三句话：

坚决执行最高指示，热情宣传最高指示，勇敢捍卫最高指示。

从这面破旧的镜子，可以直接寻觅到当时的历史背景，也颇耐人寻味。若再参考溥仪留下的当年日记，两相结合，则更能清晰地了解到溥仪当时的真实心境。笔者在拙作《末代皇帝的后半生》[②]中，如实记述了这一细节，收到了很好的效果。

显见，采访功夫下得越大，刻画的人物就会越生动感人。这里比的不仅是笔力，也是采访的功力。

---

① 溥仪生前使用过的这面圆镜，在溥仪病逝后由其遗孀李淑贤于搬家时将它赠送给了笔者。由于镜子背后印制的图案已破损，笔者依照李淑贤的追忆，在镜子背面亲笔补记了如下字迹：溥仪一九六七年，买于西城东观音寺甲22号（溥仪与李淑贤所居住的旧址）。

② 贾英华著《末代皇帝的后半生》，群众出版社、解放军出版社联合出版，1989年6月第一版。

溥仪去世前上街购买的圆镜子（贾英华 收藏）

二
以"四千"精神直接或间接搜集史料

　　须知人物传记不是小说，任何描写都不能凭空杜撰。刻画人物，最重要的无疑仍是掌握翔实的史料。

　　有一次，笔者到中国台湾的几所大学讲学，有人询问关于晚清史，包括文物之中，什么最为宝贵。笔者认为至少有两个标志：一是世间唯一的；二是不可再得的，尤其是史料。人物传记与晚清史、民国史研究有一点相同，史料是第一位的。

　　极而言之，人物传记的价值与金钱、官位相比，可从一句古话"文章千古好，仕途一时荣"中窥见一斑。谁在《全唐诗》中哪怕留下短短一首诗，谁能在历史上留下一篇千古名篇，也许远比拥有多少金钱、当多大官有意义得多。价值观不同，则观点断

长沙窑壶（贾英华 收藏）

记录下《全唐诗》里没有的
诗的长沙窑瓷片

长沙窑瓷片上留下的唐诗：君生我未生，我生君以老。君恨我生迟，我恨君生早。从中不仅可以看出唐代的爱情观——老夫少妻在当时不当回事儿，也可以管窥当时经济、文化之一斑

然不同。

纵览中国历史上几百个皇帝，能被记住的有几个？一代伟人曾经评述过唐宗、宋祖，一直历数到成吉思汗，除此还有几个在历史上留下赫赫声名的？但真实的历史，永远会被人们所记住，尤其是不可再得的历史细节，如果能记述并留下来，善莫大焉。

尽全力搜集史料或资料。这必须有"四千"精神——不怕经历千辛万苦，不怕跨越千山万水，千方百计想尽一切办法及途径，不怕费尽千言万语。无论是活史料或是死史料——档案史料，力求穷尽占有。没有这一条，其他都是空的，这是人物传记最重要的基础。

1. 怎样直接挖掘史料

在挖掘史料，尤其是采访"活"的史料，即重大历史事件的见证人时，即使费尽千言万语，也要争取打动被采访人，使他意识到你的采访是为历史留下史料，是有意义的，过时不候，时不我待。

贾英华用十年业余时间自费采访三百多人的部分采访记录和史料

叶永烈著《钱学森传》

  传记作家叶永烈所著《钱学森传》[①],便是一个很好的例子。这部传记显然与钱学森的其他传记不同——以直接采访传主及身边人和第一手档案史料而见长。为写作此书,叶永烈还采访了许多钱学森的亲友,如他的儿子、秘书以及诸多朋友。

  算起来,叶永烈结识钱学森整整30年,当科学家钱学森逝世的消息传来时,他刚完成了40万字的《钱学森传》。2009年10月31日8点06分,享年98岁的杰出科学家钱学森与世长辞。

  早在1955年,赴美已20年的钱学森便冲破重重封锁返回祖国,为新中国的导弹和航天事业作出了开创性的伟大贡献。1979年,年轻的叶永烈担任电影《向宇宙进军》的导演,时任国防科委副主任兼第七机械工业部副部长的钱学森看过拍摄提纲,提议叶趁来沪之际与他交谈。那天晚上,叶永烈如约赶赴上海延安饭店,见到了被毛泽东称为"火箭之王"的钱学森。

---

① 叶永烈著《钱学森传》,中国青年出版社,2015年版。

1980年，叶永烈当选中国科学技术协会全国委员，钱学森恰任中国科协副主席。在会议期间，两人多次交谈。此后，他与钱学森有了更多交往。每一次去北京送审影片，他们总是边看边交谈。钱学森告诉叶永烈，"航天"一词是他首创，最初是从伟人的诗句"巡天遥看一千河"得到的启示。如今，"航天"一词已经家喻户晓。

鲜为人知的是，1994年，钱学森获何梁何利基金奖100万港元；2001年，他又获得霍英东"科学成就终身奖"，奖金也是100万港元。据他的秘书涂元季回忆，这两笔奖金的支票还没拿到手，钱老就让他代写委托书，将钱捐献给祖国西部的沙漠治理事业。1984年，钱学森正式提出沙产业、草产业理论，并预言这一产业将成为21世纪中国的"第六次产业革命"。在钱学森的理论指导下，内蒙古各地充分利用沙区日照时间长、温差大等条件，大搞知识密集型的现代化林沙产业，实现了林沙产业的可持续发展。

叶永烈在撰写《钱学森传》30年中，锲而不舍地采访并深入挖掘第一手史料，颇值得传记作者仿效。

此外，在搜集史料过程中，作者要不惧历尽雨雪风霜，要有不辞劳苦的毅力，以忘我的精神抢救史料，只有这样，才能搜集到珍贵的第一手史料、搜集到独家史料，这样撰写出来的人物传记才可能受到社会认可。

以己为例——在撰写《末代皇帝的后半生》一书时，笔者只是一个20多岁且涉世不深的青年人。当笔者经过一年左右的艰苦努力，亲笔撰拟了百余页初稿和溥仪编年、寻访线索、写作提纲及溥仪病历摘抄等之后，所有手稿竟然被一位记者以约稿名义从溥仪遗孀李淑贤处"取走",随之成书并独自署名发表。于是,笔者在几番激烈思想斗争之后,开始了人生之旅的第一次"搏"。

在所有节假日里,笔者开始以业余爱好者的身份拜访爱新觉罗家族中人,哪怕只是知晓溥仪生平一鳞半爪之人,重新搜集第一手史料。在近十年全部业余时间里,笔者先后自费采访三百多人,寻访并查找大量原始档案和历史资料。北至长春,南到云南,东至蓬莱,足迹遍及大江南北,最终,笔者搜集了数以千万字的珍贵资料以及大量照片、史料,其中包括一些珍贵的"孤本"。

这虽使笔者家徒四壁,家庭经济陷入窘境,却让笔者领悟了人生百态。既蒙许多人给予鼓励和支持,也曾遭受过不少白眼,不知多少次被人婉拒门外。那时,笔者只是一名初中一年级都未读完的普通工人。听到笔者采访的目的是续补溥仪的《我的前半生》时,不少人哂笑,甚至笔者在访问蔡锷①之子蔡端时,竟先后三次被拒之门外⋯⋯

"有志者事竟成",这句小学课本上的话,成了笔者的座右铭。笔者大海捞针似的寻访溥仪特赦抵京后第一个谋面的人,乃至他溘然去世时最终一个守候在他身旁之人。笔者曾在零下三十多度的深冬只身自费赴东北,夜阑迷路于大雪纷飞之中,险些冻毙于冰雪之中;也曾多次骑车往返百余里赴北京植物园采访,仅在工地上躺卧一会儿,整日只嚼两口面包;还曾在无处避雨的采访途中被淋成落

---

① 蔡锷(1882—1916),原名艮寅,字松坡。湖南宝庆(今邵阳洞口县)人,民国初年的杰出军事领袖。蔡锷一生做了两件大事:一是,辛亥革命时期在云南领导推翻清朝统治的新军起义。二是,积极组织领导反对袁世凯称帝的护国运动。蔡锷遗著为《蔡松坡集》。

汤鸡；发着低烧走入夜大学历史系本科毕业考试的考场……

也正是在渐渐认识撰写溥仪这位独特历史人物传记意义的同时，笔者理解了奋斗的乐趣。如今，拙著问世多年，自知水平有限，于溥仪的《我的前半生》来说，难免狗尾续貂，却意外获得社会承认，荣获中国图书金钥匙奖。而且，还有幸留下了数千页留有当事人签名的珍贵采访笔录……

2. 锲而不舍，坚持多方搜集史料

这里要注重两点：第一，要持之以恒地搜集史料，而不是心血来潮，忽冷忽热；第二，多方亦即多角度，而不是单一思维、以单一角度来搜集。譬如，笔者在撰写《末代皇叔载涛》一书之前，曾多年从各种渠道苦苦寻找一幅载涛受到伟人接见的合影照片未果。这幅照片对于载涛这位历经晚清、民国乃至新中国的历史人物来说，颇具重要意义。

一代伟人亲切接见载涛的历史照片，不仅成为此书封面，也通过此书首次正式面世

因为一代伟人在新中国成立后各种场合多次提到载涛，还曾亲笔签名任命他为中国人民解放军炮兵司令部马政局顾问。可是，直到笔者交付人民文学出版社清稿时，仍然只从外地找到一张依据那张照片放大印制的大幅挂图，清晰度实在太差。苍天不负有心人——正当出版社扫描挂图之际，笔者无意听到出版社一位编辑正在编辑著名摄影家侯波摄影集，于是抱着最后一线希望向他求助。因为，笔者知道侯波在新中国成立初期，正担任伟人的专业摄影师。

最终经过当代文学编辑室主任赵萍的协调，在侯波生命垂危的情况下，其家人在她珍藏的摄影作品中，找到了这幅笔者几十年来苦苦寻觅的历史性照片——一代伟人在1954年8月的北京市人大会议上与载涛亲切握手的合影。

值得说明的是，一代伟人亲切接见载涛并与他握手的这幅历史照片，在爱新觉罗家族当中引起轰动，不仅成为此书封面，也通过此书首次正式面世。

3. 如何间接获得史料

曾经有一位传记作者当面询问过笔者一个问题——她写的这位人物已去世多年，家人也都已过世，他家乡与他同辈的村里人也都不在了，这位传主当年上小学的内容怎么写？是不是同时期的其他人当年怎么上小学，就可以将他也写成这么上小学？笔者回答说，这可不行，同在抗日战争期间，有当英雄的，也有当汉奸的。同样上小学，每人的境况都不一样，所以不能用模拟式的想象去写人物传记。

这位作者继续追问，那怎么写啊？笔者回答说，你可以写这位传主就读的小学，哪年成立，大概有多少人，所处的地理位置，再实地沿着传主上学的路走一趟，了解一下学校是有桌椅板凳，还是让同学们坐在地上听课。把这些真实状况和环境写出来，其他则可以给读者留下想象空间。当然还可以查找档案，看一下当年的同学有否留下遗稿或发表的文章等线索。

这位作者接着发问，对书中的有些对话，作者是否可以进行合理想象？笔者说不行。现在的人物传记绝大多数就是这么"编"出来的，但传记作家不能这样昧着良心去虚构。

"知之为知之，不知为不知，是知也。"应该以诚实的态度搜集传主史料，去撰写真实的人物传记。

[第五章]

如何核实史料

挖掘传主人所不知、人所罕知以及故事背后的故事。

"其事核"——对于传主的生卒年月日,尤其是对重要历史人物的准确出生、去世时间,必须弄清楚。内中往往含有重要信息。对名人记述,也绝不能全信以为真。

搜集到史料后,首先便是核实、甄别、考证。这是一个重要环节。否则,连传主真实的经历都没弄清,人物传记不可能撰写成功。

汉代著名史学家班固在《汉书·司马迁列传》中，曾高度评价司马迁，尤其对他核史作传称"服"。其中，最为称赞"其文直，其事核，不虚美，不隐恶，故谓之实录"。也就是说，司马迁的《史记》之所以"其文直"——真，最关键的是核实史料——"其事核"[①]。

这并非书外之"功"，而是传记作者最重要的书内之"功"。

一
关键史料务必核实清楚

对于传主的出生年月日，必须弄清楚。因为这对于人物的背景交代，具有极其重要的作用。譬如，前边讲过溥仪出生的年月日，正是其小名——"午格"的来由。知晓这一点，自然也就理解了老太监信修明的日记中，"午格"便是溥仪。否则，便可能会失去这则极为重要的史料。这是一个关键点，连这个重要历史人物的小名

---

① 古代史学家班固在《汉书·司马迁列传》中，如此评价司马迁："服其善序事理，辨而不华，质而不俚，其文直，其事核，不虚美，不隐恶，故谓之实录。"

都不知道,当然也难以读懂载沣日记中对溥仪的其他重要记载,更无法解释清楚慈禧颁布懿旨带午格进宫是何意思了。倘若这一代人弄不清楚,便可能留下一个历史之谜。

对于传主的生卒年月日,尤其是重要历史人物的准确去世时间,也必须核实清楚。媒体的公开报道也不一定是历史的真实面目。再以溥仪为例,新华社记者当年对溥仪逝世时间的报道便曾出现讹误。

真实的历史背景是,1967年10月17日凌晨2时15分,溥仪在北京人民医院病逝。接受采访任务的新华社记者,正赶上"文革"动乱时期,又适值半夜,所以没能到医院采访,只是给医院值班室打去一个电话,询问了一下溥仪病逝的大概时间,也就没弄清溥仪病逝的准确时间。

为核准溥仪的病逝时间,笔者寻觅到了溥仪的老友刘宝安收藏的误登载为"于10月17日2时30分逝世于北京"的原版报纸,又

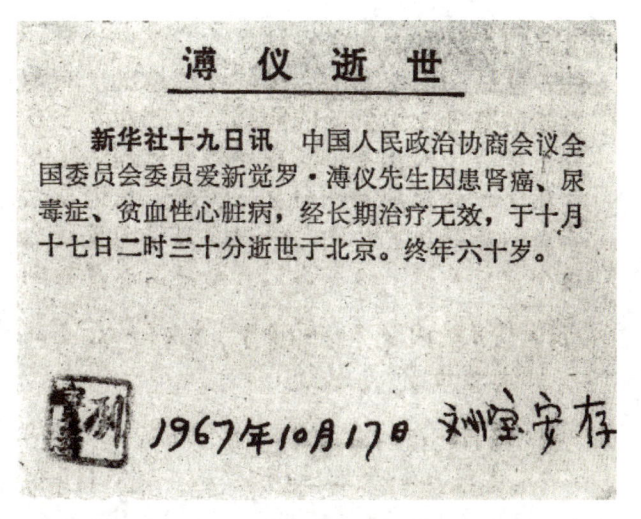

关于溥仪去世时间不准确的原版媒体报道(贾英华 收藏)

费尽心思找到最后守候在溥仪身边的其三妹之子郭宗光——当溥仪病逝时,他当即查看了溥仪身上戴着的怀表,准确记录了溥仪去世的时间。

嗣后,笔者在拙作《末代皇帝的后半生》一书中,不仅纠正了媒体报道的这一讹误,即告诉世人"中国历史上最后一个皇帝"——溥仪病逝的准确时间,也披露了其病逝背后人所罕知的重大历史背景——"文革"期间的复杂混乱状况,以及故事背后的故事。

二
传主自述也需核实分析

人物传记是否以本人的自述为准,这必须具体分析。譬如,溥仪在《我的前半生》初稿中写到许多日期,不少出现了错误。甚至连登基的具体时间,因其年幼记不清楚,也在阴历与阳历的换算上弄混淆了①。

笔者经过考证,遂将溥仪登基的阴历、阳历的准确日期,写在了"溥仪生平大事记"中——1908年12月2日(阴历十一月初九)。一般人常说溥仪三岁登基,实际上,溥仪此时仅两岁零十个月。这样的记述就比较翔实准确。

---

① 群众出版社于2007年出版的《我的前半生》全本第28页,错将溥仪登基大典日期写为"十二月初二"。

对于重要历史人物史料，非但不能出现讹误，也不能有半点儿含糊。老一辈无产阶级革命家对于核实历史细节极为慎重。一次，《人民日报》发布中国共产党第一次至第七次代表大会代表名单，把一位德高望重的领导同志列入了名单之中。

　　当这位领导同志见到报纸之后，当即郑重地写信纠正，声明自己并非第六次党的全国代表大会正式代表，而是列席代表。事后，这位领导同志还找到有关负责同志叮嘱说：

　　"你拿来给我看嘛。'六大'代表牵扯到我，你拿给我一核对，我马上可以告诉你嘛。也许他们怕麻烦我，其实不然，这件事与我有关，我觉得有责任，我一点也不嫌麻烦，而且应当很认真地去做。"①

　　此事，对于传记作者来说颇具启示。事关重大历史事项，须与当事人核对为宜。

三
名人记述亦不可全信

　　以笔者核对史料的经验来看，所谓名人记述也不能全信以为真。更不能想当然，或者乱编一气。

　　笔者亲身经历过这样一件事。一个知名出版社的总编辑前来征求笔者的意见，说是一位名人写了一本关于溥仪的书，书中好像有

---

① 引自葛玉广著《回忆录的写作》，大连工学院出版社，1988年3月第一版。

大量类似小说的内容。笔者自然反对这种"戏说",表示既不能作序也不能推荐,虽然那位名人在其书的封底还特意称赞了笔者写的《末代皇帝的后半生》一书,但笔者依然对其持否定态度。因为书中所撰写的内容,无法称为人物传记或纪实文学。在此仅举一例,书中长篇累牍地述说"文革"中其与溥仪同在一个劳改队里"劳改"云云,还凭空虚构了不少与溥仪在一起的"有趣"故事。

事实上,溥仪根本没在劳改队待过,全国政协也根本没有在"文革"期间成立过劳改队,当然所谓劳改队里发生的那些故事,纯系子虚乌有。这不仅依据笔者经采访核实过的史实可以认定,就是从溥仪日记中——其中记载了他从"文革"爆发到其病逝前的全部内容,也根本找不到这方面的一丁点儿线索。遗憾的是,不少人却误以为这是真实的历史。

如今,溥仪与这位大名人都已逝世,如笔者不纠正,若干年后,一般人也许就不知其记述的真假了。从历史研究角度来看,这是很可怕的——后人难辨真伪。

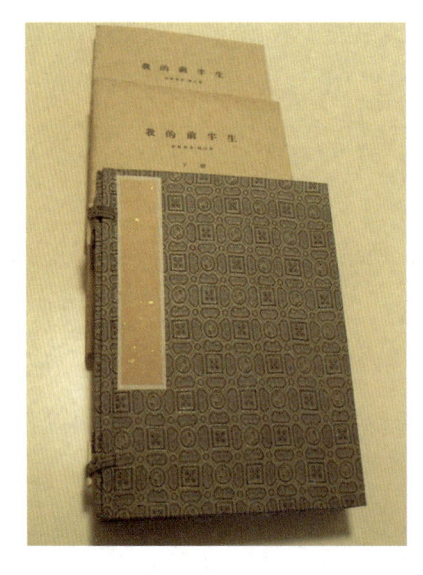

错写溥仪登基日期的《我的前半生》原版未定稿全本(贾英华 收藏)

[第六章]

怎样撰写人物年谱或大事年表

倒写为妙。这是一个诀窍：无妨先撰写人物的年谱或大事年表。功夫在笔外。如何查阅档案，这是一门学问，也是基本功——对于档案史料，亦不能盲目迷信。四条重要的寻访史料线索，不可不知。

这算是一个诀窍。撰写传记前，不必急于动笔，无妨先下工夫详加研究，撰写出人物年谱或大事年表。这对于厘清人物一生脉络，不仅可起到梳理作用，对于研究其一生的关键或转折点，也有着非同寻常的意义。

一
倒写为妙

依笔者多年的创作经验来看,先不要匆忙动笔开篇,而是倒写为妙。搜集人物的历史资料,事无巨细,越全越好。最后再去粗取精,去伪存真,由此及彼,由表及里地研究透彻。

什么叫倒写为妙呢?即在完成撰写人物年谱或大事年表这一基础工作过程中,对人物的基本情况以及细节,乃至对于模糊不清的关键点,都会产生更深入的认识。

譬如传主的籍贯,也是必须弄清楚的问题。否则,难以阐释其一生的性格形成及饮食习惯等问题。例如,不弄清慈禧太后原籍,对其出生及其毕生的不少历史真相,便容易陷入随意猜度的历史泥潭。

对于富有争议的现当代人物的历史评价的分歧问题,如何落笔,也是一个重要的难题。

二
四方面资料不可忽视

对于搜集资料,应持一种实事求是的探索态度。需要查找和参考的主要资料,至少包括以下四方面内容:

1. 历史档案

查阅传主的档案，应当注意以下五方面问题：

一是，传主本人的档案。如果传主先后在几个国家或几个单位工作过，对于这几个地方的档案都以查阅一下为宜，至少能找出有用的写作线索。

二是，传主父母及长辈的档案。查找过程中，很可能在长辈的档案中发现重大线索，尤其涉及籍贯等问题时，长辈的档案往往具有重要的作用。

三是，近亲属、子女以及旁系亲属的档案。这是容易被忽略的部分。在以往的特殊年代里，近亲属和子女凡经过"外调"的，便可能留下有价值的"外调"材料。

四是，如果传主有终生相伴的同事或朋友，也可能在他的同事或朋友档案中找到线索，以利于进一步扩大采访思路，弄清楚其生活的真实轨迹。

五是，如果传主在清代中过科举，可查阅一下进士题名碑或相关科举名录。若传主在民国时期生活过，还可以通过有关部门查阅一下民国遗留的历史旧档案[①]。

2. 传主本人自述

一般说来，传主自述虽具有重要价值，但总不免带有个人色彩，所以要注重分析，并参考其他历史资料加以佐证。否则，极易出现偏颇或失误。

---

① 旧称敌伪档案。

3. 他人所撰写的历史文献或资料

首先要了解他人与传主的真实关系，只要不存在历史瓜葛或个人恩怨，这些内容会相对比较客观；其次在引用其撰写的资料时，可注明出处，便于研究或深入分析。

4. 国内外的参考资料

如果撰写晚清以来的人物，可尽量借鉴国内外的报纸、杂志等媒体对传主的直接报道，尤其是外国人开办的一些报刊。如果撰写近现代人物，可以查看此人在国外生活过的当地的主要报刊，即使找不到此人的报道，也能从中看到当时传主所处的真实环境。

如果将各种史料放在一起，仍然难以对某一重大问题得出结论，还可以查找当时距历史事件最近的国内外媒体的公开报道。一般来说，这样往往比较准确。即使有的报道当时出现了错讹，事后

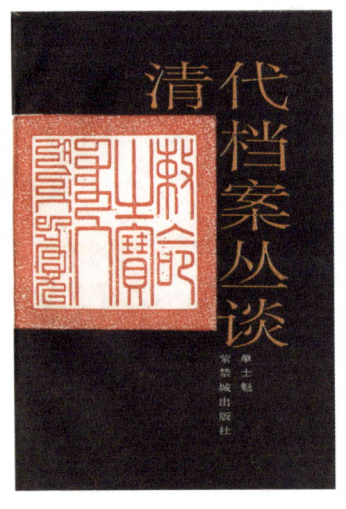

"活档案"单士魁所著《清代档案丛谈》

也可能找到更正。这里提醒一下，后者往往被忽略。而这方面恰恰体现了传记作家的功力和史学家的水准。

细微之处，最见功力，最显示水平，也往往最能反映历史人物的原生态。这是传记作者尤应锤炼的功夫所在。

三
不能盲目迷信历史旧档案

需要注意的是，对于历史旧档案，不能盲目迷信，一定要调查分析之后，再得出结论。不能将其全部视为真实史料而照抄。因为新中国成立之初，许多人的档案履历，都是由本人来撰写的，并没

笔者频经采访并遍查档案而撰写的
《末代皇帝最后一次婚姻解密》

李淑贤档案中并非其本人笔迹的自传

有组织上调查的结论，而且有的档案中的"自传"，还是由他人代笔书写的。

笔者在撰写《末代皇帝最后一次婚姻解密》一书时，通过仔细核对溥仪遗孀李淑贤的档案，从中发现，她的所谓"自传"并非本人笔迹，而很可能是李淑贤熟悉的一位人士代笔的。

这份"自传"不仅反映了旧档案中存在虚假性，也反映了此人与李淑贤不同寻常的关系，同时也能直观反映李淑贤与溥仪搞对象时，此人的微妙作用。当然，因为此人尚在世，笔者的书中没能全部反映出来，也是此书的一个遗憾。

至于传主本人档案中的亲笔自述，应当视为十分珍贵的史料，它是人物传记不可或缺的第一手史料。但是，对此也要认真分析后看待。即使最终发现"自述"有伪，也能进一步剖析传主当时的思想动态以及历史状况。

对于他人撰写的历史文献资料，一定要首先弄清楚其与传主的关系，再找准角度分析。宜从二人的利害关系入手，这样会较为客观。

对于国内外的参考资料，一般看来国内人知情更详细，但多有避讳。而国外的史料，一旦披露细节，只要没有其他因素，大多较为客观。因为彼方往往站在媒体或第三者的客观角度，除非拿到了"贿赂"，否则很难存在利害关系，往往可信度较高。

另外，在外文翻译方面也要注意防止出现谬误。必须找专业翻译人员以及业内专家两相核对，这是十分必要的。尤其在关键情节上，绝不能出现与史实截然相反的状况，以免贻笑大方。

[第七章]

如何起书名和调整思路

起书名与眼球经济有关？赴美考察时问起导游，在美国最难的是什么？她的回答完全出乎意料。

怎样起书名？大致有五种类型可资参考。

如何使一部人物传记思路清晰？仍是俗套路管用，尝试重新分章、分节、分段。此乃自我调整思路的诀窍。

人物传记的书名既要贴切，还要吸引眼球。

一
起书名的学问

启示，或许远比事实重要。

20世纪80年代，笔者第一次赴美考察时，询问陪同的女导游，在美国最难的是什么？她的回答居然完全出乎笔者意料：

"在美国，最难的是吸引他人的眼球。"同时，她还举了一个例子说，"你们刚才看到了吧？两位漂亮的美国姑娘竟然穿着故意剪成露着屁股的牛仔裤，就是想吸引人们的注意力……"

当时，笔者没特别理解女导游的话，直到近年来，才在中国明显看到了眼球经济的魔力。在人物传记撰写中，过去往往直截了当起个书名"某某传"。而现在没有一个吸引人眼球的书名，这本书便有可能静静躺在书店架上，久久无人问津。

前些年，笔者写过一本记述溥仪后半生婚姻的书，先后起过几个书名，譬如《溥仪后半生婚姻》《末代皇帝后半生婚姻》《溥仪后半生婚姻大揭秘》等等。最后几经推敲才确定了书名——《末代皇帝最后一次婚姻解密》。

其一，考虑到获得奥斯卡大奖的电影《末代皇帝》的效应，此书如译成英文也可便捷一些。其二，"最后一次婚姻"的提法较为贴切，内容无须解释，一看便知。

完全可以说，"解密"是实事求是的，因为确有不少过去的解密档案、当事人的采访内容以及历史照片从未披露过。由于书名起得好，内容也吸引人，此书一经出版便在国内外引起轰动。台湾尖端出版社随即出版了此书海外繁体字版，称这部书——

"可视为近代史上最为严谨的纯纪实作品。"①

二
如何起书名的五种类型

对于如何起书名，大致有以下五种类型可供初入门者参考：

1. 直接以传主的名字作为书名

过去几十年来，对于人物传记方面的书名，不少是直接在传主的姓名后边加一个"传"字，即成书名，如《司马迁传》《王安石传》《萧伯纳传》等。笔者过去创作的"末代皇帝系列"图书，都称为"传"，如《末代太监孙耀庭传》等，这样虽比较直观，却显得过于呆板。但有一个好处，那就是书店和图书馆容易分类——直接将其归入"人物传记"类作品，以便读者挑选。

2. 在人物传记书名中加一个"大"字

这类传记往往称之"大传"，或加一个"全"字，称之"全传"，以显示书的内容较为全面，区别于以往出版的人物传记。如《拿破仑大传》，这是美国作家艾伦·肖姆撰写的。记述26岁的拿

---

① 引自贾英华著《末代皇帝最后一次婚姻解密》一书封底，尖端出版社，2002年1月第一版。

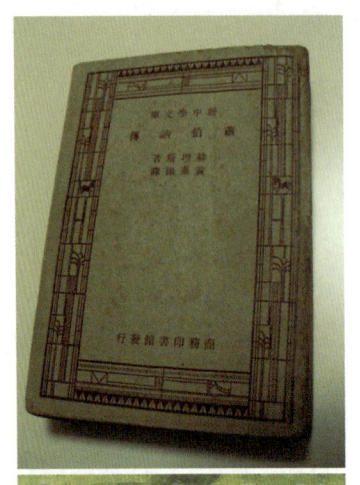

民国原版《萧伯纳传》(贾英华 收藏)

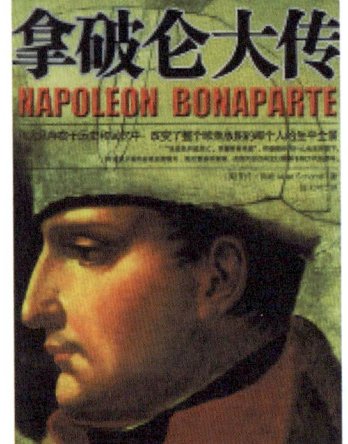

《拿破仑大传》封面

民国原版《新华春梦记》六册(贾英华 收藏)

破仑一夜之间成为法国最年轻的将军——35岁登上法国皇位，一度称霸欧洲，却最终惨死于一个小海岛的跌宕一生。这部人物传记留下拿破仑的一句名言，被世人记住——"不想当将军的士兵，不是好士兵。"

大同小异的是，一些传记在传主前边加上一个定语的称谓，如笔者所著《末代皇帝的后半生》《末代皇弟溥杰》，使读者一眼便能直观地看到对于传主的历史定位。

3. 将传主经历的重大事件当作书名

在已经出版的传记或自传中，有的书名很直观，也有的书名并不直观。如民国期间出版的《新华春梦记》，实际是一部"袁世凯传"，只是把袁世凯当年复辟帝制改中南海"新华门"一事当作了书名，而且别含深意地戏称"春梦"一场。此书出版之后，袁世凯的次子袁克文凭借其天津青帮头子身份，花银洋高价逐本回购此书。所以，原版的《新华春梦记》存世稀罕。此书比起后来不少凭空虚构的袁世凯的传记，史料珍贵得多。

另有法国人皮埃尔·德·顾拜旦写的自传，书名很直观——《奥林匹克回忆录》，却并非以传主名字作为自传的书名。这部自传，详细回顾了奥林匹克之父、现代奥运会创始人——法国人顾拜旦，如何为恢复奥林匹克运动而奋斗的一生。

这位传主，不仅使奥林匹克运动成为世界上唯一超越国界和种族的和平沟通的体育运动，也使奥林匹克运动的口号响彻全世界。这部自传的书名，即是传主一生最重要的功绩。推敲起来，这远比起类似"顾拜旦回忆录"等书名直观深刻得多。

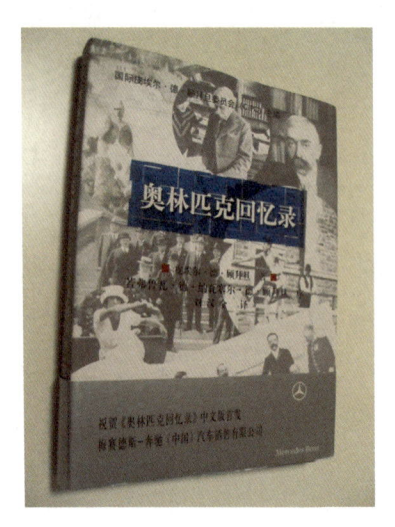

顾拜旦著《奥林匹克回忆录》

4. 书名蕴含寓意

著名艺术家英若诚撰写过一部回忆录,名为《水流云在——英若诚自传》,是一部不多见的以英文原创而后又转译成中文出版的自传。这部书的书名,取自唐朝诗人杜甫的两句诗"水流心不竞,云在意俱迟",既揭示了书中特定内容,又另寓含义在内。

外人鲜知,当年英若诚的父亲英千里把"水流云在"这四个字,镌刻在颐和园西边十公里处、祖居温泉别墅的巨石上时,距宣统逊位仅一年之久。因何故,英若诚用这四个字作为自传的书名呢?盖因其祖母爱新觉罗·淑仲是雍正皇帝的直系后人,乃溥仪同一辈人。他的曾祖父叫英华,与著名作家老舍同属满族正红旗。其祖父英敛之,不仅是《大公报》的创始人,也是著名的辅仁大学创始人。英若诚一生坎坷,经历复杂,甚至其子英达在为父亲所作的书序中,写他曾一度"失踪,也不知是干了特务还是反革命,反正让人民政府抓起来了……"。

英若诚的一生,堪称其所生活过的那个时代的缩影。纵观其一生,书名确实起得好——有来历,也有嚼头。

5. 以传主的主要特征或事迹起书名

以一部传记的书名——《梦圆大地:袁隆平传》(注:姚昆仑著《梦圆大地:袁隆平传》,地图出版社,2016年12月第一版)为例。"梦圆大地"这四个字,点题鲜明并真实揭示了一代伟大的农业科学家袁隆平,50年来始终奋斗在杂交水稻研究的前沿,为实现"禾下乘凉梦""杂交水稻覆盖全球梦"这两个"梦",而努力拼搏的辉煌一生。而且,真实地突出反映了袁隆平高尚的情操和人格魅力。

"杂交水稻之父"袁隆平的一生,是传奇的一生,也是创新的一生。无人不知,袁隆平是世界著名的"杂交水稻之父"、中国工

姚昆仑著《梦圆大地:袁隆平传》

程院院士、美国科学院外籍院士。当袁隆平85岁生日来临之际，传记作家姚昆仑所著《袁隆平传》正式面世，旋即引起广泛关注。

　　引人注目的是，作家姚昆仑曾四次长时间当面采访袁隆平，袁隆平直到去世前，仍然与传主保持着密切联系。这是笔者所竭力赞赏并为之点赞的。此书以大量第一手采访资料，反映了袁隆平毕生在农业科研领域勇于创新的精神。这部《梦圆大地：袁隆平传》，以水稻种植史料和杂交水稻知识为线索，引领众多读者走进袁隆平的内心世界，洞悉他的成长经历，感受他那高尚的爱国情怀。

　　众所周知，袁隆平把超高产杂交水稻之"梦"，变成了现实。直到全世界50%的水稻田种活了杂交水稻，全球稻米产量增加1.5亿吨，能多养活四五亿人口。

　　这部人物传记——《梦圆大地：袁隆平传》，使读者近距离了解一个真实的袁隆平，并触摸到了杂交水稻研究的脉络，切身感受到中国农业科技进步。袁隆平逝世之后，《人民日报》专门发表文

笔者著《末代皇帝立嗣纪实——宣统皇帝有否龙种传世》

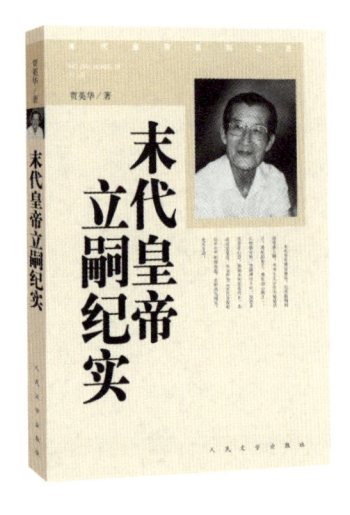

改书名的《末代皇帝立嗣纪实》

章追记袁隆平,题目是《一稻济世,万家粮足》,可见对袁隆平这位当代人物评价之高。

再如,笔者写过一部人物传记——《末代皇帝立嗣纪实——宣统皇帝有否龙种传世》。由于书名较新奇,又带有历史解密的性质,加之反映了这位曾被溥仪立为"皇储",而又沦为成天在京城扫大街的"扫帚大叔"——毓嵒的真实传奇经历,因此这部书自出版以来近30年,仍可一版再版[①]。

三
如何自我调整思路及抓住传主的独有特点

一位初写人物传记的作者曾询问,如何使人物传记的思路清晰?

笔者回答说,仍是俗套路管用——确定全书主旨之后,尝试着重新分章、分节、分段。分章可以使全书脉络清晰,分节可以使内容层次清楚,分段可以使细节更富逻辑性。这样,一部传记的整体结构便自然而然地顺畅了许多。

这是撰写人物传记过程中,实现自我调整的一个诀窍。

人物传记写作,截然区别于小说等创作体例,自有其鲜明的特点。对于历史人物,要根据其经历及性格特点,力求用最适合其人物特点的笔法来撰写。一般对于记述领袖人物的笔法,似以凝重为

---

① 此书近年再版,拟改书名为《末代皇帝之嗣——毓嵒》。

宜。对于文化或文艺界人士，适宜以较轻松活泼的笔调来写。但两者的笔法运用各有千秋，不可千篇一律。

此外，必须研究透彻传主并紧紧抓住其独有特点。在当今，若论公认且顶尖的优秀民营高科技企业家，非任正非莫属。记述任正非的传记作品虽不少，但真正实地采访过他的作者却鲜见，作品大多是抄来抄去，内容大同小异。而面前这部《苦难英雄任正非》[①]，则显然不同。

作者王育琨先后研究任正非21年，岂止多次实地采访传主，而是与任正非结成无话不谈的朋友，从而掌握了大量他人所不知的第一手资料。这是其他撰写任正非传记的作者无法可比的。更难得的是作者另辟角度，以任正非的坎坷人生经历为基础，从哲学角度分析了任正非的"灰度哲学"理论，以及华为的基层系统管理思维。这亦是其他传记难以企及的。

这部人物传记，不仅记述了任正非一步步的成长过程，而且对他的性格形成，以及他从国企毅然辞职创业走到今天的坎坷经历，作了客观而细致的描述。书中还将传主所经历的磨难，乃至陷入绝望之后的峰回路转以及非凡的坚忍毅力，作了深刻剖析。

此书以任正非和华为这两条并行线，向读者呈现出历尽四十年艰苦奋斗而始终砥砺前行的华为思想，让读者了解华为整个企业在传主带领下，如何为中国高科技赶超世界水平而拼搏的顽强精神，以及企业在哲学引导下的强大凝聚力。

通过此书，可以看到任正非将华为的核心价值观简单归纳为三句话："以客户为中心，以奋斗者为本且长期坚持艰苦奋斗，坚持

---

① 王育琨著《苦难英雄任正非》，江苏凤凰文艺出版社，2019年2月第一版。

自我批判。"他既是华为核心价值观的创立者,也是公司核心价值观的守望者和践行者。任正非感慨地说:"华为30年的炼狱,只有我们自己及家人才能体会。这不是每周工作40个小时能完成的,记得华为初创时期,我每天工作16小时以上,自己没有房子,吃住都在办公室,从来没有节假日、周末……"这是任正非对华为成功的总结,他将眼前的成绩归结为苦难的累积。

有一年,任正非去新疆公司,当地办事处主任租了一辆加长林肯去机场迎接。任正非一看就训斥起来:"谁叫你来的!"主管刚想解释,但任正非接下来的一席话,立刻让他哑口无言:"为什么你要亲自来迎接?你应该待的地方是客户办公室,而不是陪我坐在车里。客户才是你的衣食父母,你应该把时间放在客户身上。"

华为公司无人不知,任正非有一句名言:"屁股对着老板,眼睛才能看着客户。"这句话塑造了华为人的工作价值观。为此,任正非在华为颁布了一条禁令:严禁讨好上司,机场接机也不行,在

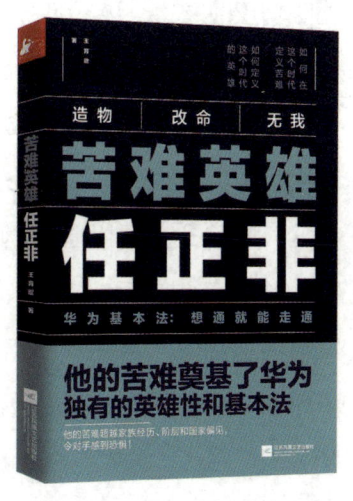

王育琨著《苦难英雄任正非》

华为只有客户才享有专车接送的待遇。任正非总是严于律己，从不搞特殊化，在公司没有专车、没有保镖，也没有私人飞机和游艇。即使他已年逾70，仍不坐头等舱，下飞机后仍自己打的，拒绝下属和客户接机。

曾有人在虹桥机场，看到年逾七旬的任正非独自拽着拉杆箱，在排队等候出租车，身边没有助理和专车。他的属下在微博上说："过去几十年，任总一个人打出租车是常事。昨天早晨我在酒店向他汇报工作，他就是打出租车来的。他把自己的股票分给员工之后，又没有上市，不是大富翁，更无须保镖了。"

无疑，任正非把生命融入了华为。他创办华为40年来，每年几乎三分之一时间在旅途中奔波于世界各地。他身患多种疾病，做过两次癌症手术，经历过丧母之痛、爱徒背叛以及美国制裁，但他都坚强地挺过来了。"华为最基本的使命就是活下去！"这句简单的话语，寄托着任正非不舍的追求。一位著名企业家在访谈中曾坦言："我非常喜欢任正非说的一句话，一个企业只有死过三次，才能叫真正的成功，烧不死的鸟叫凤凰！"

或许，人生浓缩的最高智慧是哲学。但将哲学观点写入传记的作者并不多。早在2016年2月，作者便在巴塞罗那与任正非有了一次别开生面的恳谈，以"万事万物的真"来诠释传主的"灰度哲学"。任正非谈起利用互联网吸收宇宙能量，吸收世界上的优秀专家、科学家参加华为公司，感受世界的脉搏在如何跳动。任正非这里显然系特指。早在2018年，华为公司便向"5G之父"颁奖，他多年前的超前投入并与最前沿科学家一起研发"5G"源程序，使华为昂然站在了世界高科技的前列。

当作者问起任正非的灰度哲学是如何产生的时，他说：一分为二，讲的是斗争哲学。我们讲的是灰度哲学，是妥协。他还说，华为的文化，以客户为中心不就是为人民服务嘛，也是中国几千年传统文化。他提出，东方玄学将在推动东西方智慧的发展中起到重要作用，灰度哲学，其根源就是中国的玄学。显然，任正非已把他的灰度哲学之根溯源到老子的混沌理论。他认为，唯有玄学才可以为未来的企业提供一种整体观，因此国外大公司要确立研究整体战略，到中国大规模设置研发机构，才能在未来占领制高点。

作者如实记述了任正非于2013年5月14日与他的交流。任正非说："物理学的时代结束了，要开启一个数学时代……理论上4个纳米可以做到一个绝缘通道，一根头发丝是70个微米，1微米是1000个纳米，就是说我们头发的宽度是7万个纳米，电子通道是4个纳米，也就是相当于两万分之一的硅时代只能做到这一步了。要靠数学来解决下一步。"

任正非颇有远见地提出：共建全连接世界的愿景有三项原则：共建、共有、共享。将高意识思维植入一系列心性品质。这些心性品质需要内化为每个参与者的血液和灵魂。不仅如此，他还设计了一系列实施公式，令所有人惊叹不已……

作者评价说，任正非不经意间，说出了一个强音：共建全连接的世界，首要的是数学算法上突破关键！

"自己干掉自己是超越，被现实干掉是出局。"任正非的断言，源于对自身有着清醒的认识。

这部人物传记的独特之处，就在于深入挖掘了独特的人性，且从哲学角度对任正非作了客观归纳和评价，颇值得点赞。

[第八章]

人物传记的开头怎么写

戏法人人会变,各有巧妙不同。
开好"虎头"——虎头、猪肚、豹尾,一个不能少。
十种开头方式,可资借鉴。
巧用"楔子""引子"或"开篇"。
人物传记的开头非常重要,俗称虎头开路。传记作者若想熟练掌握写作技巧,几种开头写法都不妨一试。

一般来说，人们习惯把一本书或一篇文章的开头、中间和结尾，形容为虎头、猪肚、豹尾。

显然，人物传记的开头非常重要，内中有不少写作技巧，通常至少有十种方式。作者若想熟练地掌握写作技巧，这几种开头写法都无妨一试。当然，初学者适宜从常规写法入手。

1. 开门见山的笔法

最常见的一种开头方式，便是顺序写法。即从传主的出生写起，写到现在，或一直写到传主去世，乃至去世后的各界反响为止。有的传记作品时常以传主的出生作为开头，或是以一个特定的时间开始，这是比较常见的写法，好处是开门见山，使读者从一开始便迅速进入人物情节，但此种开头的缺点是，不太容易出新意。

以"中国航天院士传记丛书"为例，其意义在于把真实的航天历史人物留下来，把创造历史的真实过程留下来，细节不可再得，这是非常宝贵的。其中，《王希季院士传记》的开头，便是以传主的出生日期为标志：

> 1921年7月26日（农历六月二十二），正是盛夏进入中伏的第一天。生活在昆明的人们却丝毫感受不到酷暑溽热的侵扰。正午时分，一个新的小生命啼唱着人生的第一串音符来到了这个世界上。

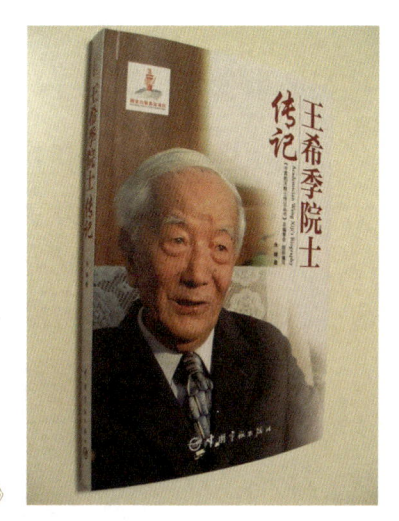

以传主的出生为开头的《王希季院士传记》

迎来弄璋之喜的人姓王，名毓昆，字式西，与妻子周诗贞都是来自大理的白族人，定居这座城市已经多年了。夫妻二人本已育有一个女儿和两个儿子，一场突如其来的大病却夺去了二儿子的幼小生命，令他们伤心不已。如今，这个男婴的降临，驱散了一直压在父母心头的阴霾，也给哥哥姐姐带来了新欢乐。

"孩子们是'希'字辈的，孟仲叔季，男婴排行第四，以'希季（希奇）'命名顺理成章，小名就唤作'阿季'。"[1]

如果传记从写传主出生的日期开始，书中的内容以衔接紧凑为宜。也有的人物传记从传主父母的结婚时间写起，则书中最好有与此密切相关的特定内容，对这对传主一生成长有重大影响。

---

[1] 引自朱晴著《王希季院士传记》，中国宇航出版社，2014年1月第一版。

2. 以传主具代表性的一个故事或背景作为开头

提取传主一生中最具代表性的一件事，作为传记开头，当读者打开书，便被吸引而不忍释卷。这样的写法有两点好处：

一是，突出传主平生的闪光点，使读者从开始便牢牢记住传主的主要事迹，且作者也不易游离于主题。

二是，这种方式突破常规写法，往往使人耳目一新，倘若笔法活泼，则更有可能吸引读者，既为后边的描写作了铺垫，也交代清楚了人物的主要背景。《孙家栋院士传记》便是以此作为开头：

闯关东的说法在中国大地流传了数百年。据史料记载，顺治元年（1644年），清世祖爱新觉罗·福临起驾由盛京（今辽宁沈阳）迁都北京，沿途发现东北地区地广人稀，土地肥沃，心生一念，若移民开垦，岂不带来滚滚财源？顺治八年（1651年）清廷下令："令民愿出关垦地者，山海道造册报部，分地居住。"清廷一纸告示，吸引了大批山东人在白山黑水间淘金、垦荒、放山。所谓放山，就是挖人参。人参比金子还贵重，挖人参辛险异常。

有民间传说，闯关东中的第一个放山人是山东莱阳人孙良。他原是个穷苦的长工，听说长白山有种名叫"棒槌"的植物，便与同乡张禄跋山涉水到了长白山，翻山越岭去挖人参……

相传，孙家栋的祖上第七代兄弟俩不堪家中的贫穷日子，结伴由山东牟平逃荒闯关东，一路北上来到东北辽宁省。兄弟俩刚刚见到黑土地，还没有来得及分享拓荒屯地的喜悦，就不幸彼此失散。从此孙家栋祖上爷爷，只身来到现在的辽宁省盖县安顿下来，转眼就是百年。①

这本书开头几段，便把孙家栋的身世交代得清清楚楚，也为此后之事作了铺垫，内容较为吸引人。

3. 以传主的外貌或特点来开头

这种开头如果写得好，容易打动读者，而且印象深刻。但最好把传主置于一个特定环境当中，这样才容易达到效果。对人物外貌的描写，常被称作肖像特写。

其实，对人物外貌和典型神态的描写，时常被用来衬托或刻画人物形象，使读者深刻感受人物的内心世界，从而有利于揭示传主的思想本质，其中最主要的是要紧紧抓住传主的人物特征，塑造人物传神的特有性格。在罗曼·罗兰所著《米开朗琪罗传》中，便直截了当地以米开朗琪罗的外貌描写作为开头：

在翡冷翠的国家美术馆中，有一座米开朗琪罗称为《胜利者》的白石雕像。这是一个裸露的青年，生成美丽的躯体，低低的额上垂覆着鬈曲的头发，昂昂地站着。他的膝盖踞曲（屈）在一个胡髭满面的囚人背上，囚人蜷伏着，头伸向前面，如一匹牛。可是胜利者并不注视他。即在他的拳头将要击下去的一刹那，他停住了，满是沉郁之感的嘴巴和犹豫的目光转向别处去了。手臂折转去向着肩

---

① 引自王建蒙著《孙家栋院士传记》，中国宇航出版社，2014年3月第一版。

头：身子往后仰着；他不再要胜利，胜利使他厌恶。他已征服了，但亦被征服了。

　　这幅英雄的惶惑之像，这个折了翅翼的胜利之神，在米开朗琪罗全部作品中是永留在工作室中惟一的作品，以后，达涅尔·特·沃尔泰雷想把它安置在米氏墓上……它即是米开朗琪罗自己，即是他全部生涯的象征。

　　这部人物传记开头，描述的是文艺复兴时期伟大的艺术家米开朗琪罗。这是一部包括开头乃至全部作品都极为成功的传记作品。

　　跳出写作的俗套子，似乎是所有传记作者的想法。人物传记以描写传主的外形作为开头并不鲜见，但在江峡所著《小布什传》中，描述人物外形的开头则更为巧妙。

　　作者在开头没有直接描写小布什的外形，而是笔锋一转，先是描述小布什在一次乡村舞会上，被一位少女吸引住了。这位少女长得什么模样呢？这里作了近似"写意"的勾描：

　　16岁的美丽少女芭芭拉参加了"环丘乡村俱乐部"举办的舞会。这个俱乐部位于康涅狄格州的格林威治，离她的家乡拉伊不远。身高约1.73米的芭芭拉，身材苗条，长着褐红色的秀发，衣着华丽，相当引人注目。这其中就包括17岁的乔治·赫伯特·沃尔克·布什，一位菲利普斯中学的四年级学生，他顿时被芭芭拉迷住了。

　　紧接着，此书记述了这位漂亮的妙龄少女被吸引的程度——她和小布什在一个屋内时，连呼吸也变得急促了。这样运用描写人物外形的笔法，巧妙地烘托了小布什的隆重出场而不露痕迹。

由此可以看到，对于人物外貌的描写，需要准确抓住其特点。当然，现实生活中并非全如京剧里的人物，仅从外表的勾脸便可看出人物的善恶。

4．以人物经历的重要事件作为开头

这种写法，往往可能引人入胜，还可以从中截取其经历中最有意思的一件事，渐次展开。

当然，这要依据传主的特点而定。笔者的拙作《末代皇弟溥杰》，是这样开头的：

参商契阔，星移斗转。

茫茫尘世，或许谁也难以料想，一声啼哭，爱新觉罗·溥仪悄然在两代醇亲王的"潜龙邸"降生，成了承继清朝二百七十多年大统的"宣统皇帝"。古老中华的几千年"帝制"，亦终结于此身，在中国封建历史上涂抹了独具浓重"挽歌"味道的一页。

偏偏溥仪以三岁稚童的身份在金銮宝座"登基"的前夕，他的胞弟也在什刹后海北岸的醇亲王府悄然出世。这位引人注目的"皇弟"，名字竟是慈禧太后亲赐——爱新觉罗·溥杰。

从此，"末代皇帝"与"皇弟"成了历史上引人注目的一对"难兄难弟"——在风云变幻的潮流中，忽而，皇帝从紫禁城的"九龙天子"宝座上一个跟头跌下来，猛然间，又重登"龙椅"，俯受"复辟"群臣的叩首。"皇弟"

则随兄长的命运跌宕，追"皇权"而始终……

忘乎所以之中，"皇弟"跟随"逊帝"下关东佐"康德"，赴东洋媚日倭，旋即囚居苏俄数载……到头来落得个银铛入狱，在冰凉的铁窗中熬过了十几个春秋。一梦南柯之后，自以为难逃活命，没想到又双双在共和国成了普通平民……可谓奇哉！[1]

此书以溥仪登基，继而溥杰成为皇弟作为开头，随即简练概括了哥俩结伴在历史中浮沉的奇特命运，反过来，再从溥杰出生而娓娓道来皇弟的传奇一生。这是先以溥仪称帝这一重大事件的噱头开头，笔锋陡然转向溥杰身上。这种开头方式，衬托出了溥杰的奇特身份——皇弟，从而使读者对其一生的坎坷命运产生兴趣。

5．以悬疑或质疑的方式开头

这类开头，有可能会在人物传记开始便紧紧吊起读者的胃口。笔者在《末代皇帝最后一次婚姻解密》一书中，便采用了这种方式开头：

> 世人瞩目的末代皇帝最后一次婚姻，究竟谁是"大媒"？流传甚广的一种说法是：
> 周恩来总理为溥仪和李淑贤"保"的大媒。
> 其实，完全不是那么一回事。事实真相究竟如何？其

---

[1] 引自《末代皇弟溥杰》，人民文学出版社，2009年6月第二版。

间还有一段小小曲折。

这里首次披露历史真情……

这种简要的以悬疑加质疑开头，提纲挈领地引出了一连串真实的故事。这种尝试性的开头，据反映效果不错。

6．用倒叙的方式开头

人物传记可以顺叙写，也可以倒叙写。采用倒叙的方式开头，可从后人对于人物评价写起，以此溯源传主的一生经历。这种写作方式，往往适用于重要历史人物。如此开篇，有助于烘托或渲染传主的形象，迅速吸引人的眼球，紧紧抓住读者心理，然后慢慢地铺展开来。《末代皇帝立嗣纪实》以及《李光耀：新加坡赖以生存的硬道理》这两本书，不同程度地采用了此种方式开头。

前一本书开头不仅概括了对毓嵒这位人物的评价，还在"题记"中引用了溥仪的《我的前半生》，从历史角度扼要介绍了此书意义。

《我的前半生》和《末代皇帝的后半生》两书，记述了中国末代皇帝——爱新觉罗·溥仪一生的传奇经历。而爱新觉罗·毓嵒先生，作为溥仪"立嗣"之子，关于"随御"的亲历追忆，至少可以看作是对于以上两本书从某一特定角度的必不可少的补充，也可视为续补以上两本书的"姊妹篇"。①

小瑞是清朝亲王的后人，他家这一支自从他祖父载

---

① 引自贾英华著、毓嵒述《末代皇帝立嗣纪实·题记》，人民文学出版社，2004年8月第一版。

濂、叔祖载漪和载澜被列为"庚子肇祸诸臣"之后,败落下来。他十九岁那年被我召到长春,与其他的贫穷"宗室子弟"一起念书。在那批被称为"内廷学生"的青年中,他被我看作是最听话、老实的一个……从苏联临回国时,我断定性命难保,曾和妹夫、弟弟们商量"立嗣"问题,决定叫小瑞做我的承继人。他听到这个决定后的表现就更不用说了……①

与前一本书不同的是,在《李光耀:新加坡赖以生存的硬道理》一书开头,作者先寓意深刻地描写一处景物——官邸,然后再巧妙运用倒叙的方式切入主题。此书是这样开头的:

> 总统府苍翠的园地内矗立着一栋空宅。建筑左右环绕着深深的阳台与拱廊,虽然不算富丽堂皇,所在的庄园却足以让新加坡任何百万富翁的豪宅相形见绌。斯里淡马锡是总理的官邸,可是新加坡的三任总理却没有一人以它为家。
>
> 当李光耀在1959年成为国家第一任总理时,曾想过搬进官邸。他的三个孩子当时的年龄分别为7岁、4岁和2岁……②

---

① 引自爱新觉罗·溥仪著《我的前半生》,群众出版社,1985年1月版。
② 引自韩福光等著《李光耀:新加坡赖以生存的硬道理》,Singapore: Straits Times Press,2001年第一版。

此书采用景物描写加倒叙的开头方式,展示了李光耀这位新加坡第一任总理的独特风格,是他一生特立独行而又廉政无私的写照和缩影。而此书开头刻意提及的官邸制度,恰恰是新加坡官吏分配制度的一大特色。细忖起来,这本书的开头蕴含深意,是比较成功的。

7. 以描写传主出生之地的背景或景物的方式开头

以这种笔法开头,便于把读者渐渐带入佳境。这往往适用于抒情地刻画传记人物,以撰写科学家或诗人、文人以及书画家等较为适宜。譬如,《任新民院士传记》开头,便直接切入传主的出生地,介绍了当地的背景,以历史上著名的"双雄会"作为吸引人的噱头,倒是颇可以借鉴:

> 任新民,1915年12月5日出生于安徽省宁国县(现为宁国市),祖籍湖北省谷城县任家湾。谷城是明朝末年

以描写传主出生之地为背景开头的《任新民院士传记》

"双雄会"事件的发生地。据史书记载,农民起义领袖李自成兵败潼关后,曾蜗居商洛山,暗中招兵买马,伺机东山再起。李自成从商洛赶至张献忠盘踞的谷城,面商联合起兵之事。这就是小说和戏剧中津津乐道的"双雄会"。任新民的祖辈就在这块古老的土地上繁衍生息。①

当然,仔细推敲起来,这本传记的开头若描绘得更具文学性或细腻一些,则可能更加吸引读者的注意力。

8. 以对于人物的客观评价为开头

这种开头方式,一般适用于有争议的传记人物,在进入正题之前便甩出观点,旗帜鲜明,有利于引导读者层层揭开人物的关键争议点。笔者在《末代皇帝的非常人生》中,采用了这种笔法,开头便写道:

> 仿佛,从出生就为打造"传奇"而来。
>
> 中国末代皇帝——爱新觉罗·溥仪的一生,可谓跌宕起伏、极具传奇色彩。三岁登基,一生三次称"帝",历经晚清、民国、北洋军阀、伪满洲国、滞留苏联,尔(而)后归国改造。屡经坎坷,历劫而不死,在新中国"回归"为普通公民。这无不娓娓叙述着一个"空前绝后"而又令人惊叹的历史奇迹。
>
> 皇帝、汉奸、战犯、公民——他的每一个生命片断,

---

① 引自谭邦治著《任新民院士传记》,中国宇航出版社,2014年1月第一版。

无不对应着晚清以来百年历史中那些更替迭进的关键性时间节点。

这是一部力求与众不同的溥仪传记。

这样,首先把溥仪定位为一位传奇历史人物。紧接着,书内相继提出了一个个尖锐的历史疑问,有如抽丝剥茧般一层层揭开溥仪一生中的历史谜团:

溥仪因何被慈禧太后"立嗣"?又为什么在光绪皇帝和慈禧太后突然相继去世的"历史谜团"之中,登基成了"宣统皇帝"?

继而,出宫之后的大太监、总管李莲英又为何死于非命,仅留下一颗无尸之头?这,难道是一起"连环谋杀案"?

您知道溥仪人所罕知的"乳名"吗?他是如何从康熙

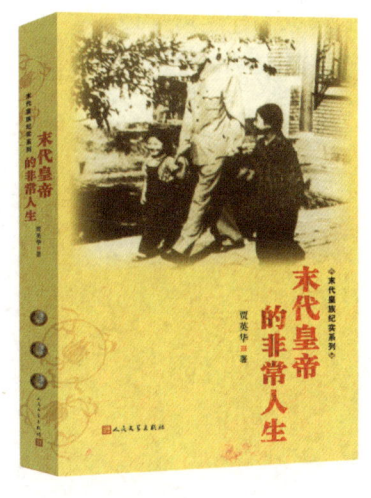

引导读者抽丝剥茧层层揭开人物争议点的《末代皇帝的非常人生》

粉彩大果盘里被抱上皇帝宝座的？

晚清大内是否秘储着一个与溥仪同月同日出生的"替僧"？

隆裕太后在"三哭"中颁布"宣统逊位诏书"与此后袁世凯称帝，其间有着什么历史隐秘？

谁是"张勋复辟"幕后策划的主谋？日本军人是否暗中参与并出资"赞助"这次复辟？

溥仪生母自杀之谜的真正原因是什么？溥仪有否出宫去悼念亡母？

"宣统"大婚背后的故事——袁世凯和张作霖也曾托人做媒欲将女儿嫁给溥仪。

……①

这类开头和写法，易使读者发生浓烈兴趣，迫不及待地往下阅读。而作者面临的则是如何以精练的语言提炼出精彩的"导语"，一环扣一环地讲述传主一生未解之"谜"。这往往是对作者思想深度，以及文字概括和提炼能力的一种检验。

9. 在书前以"楔子""引子"或"开篇"的方式开头

笔者的《末代皇帝的后半生》一书，便采用了以"引子"作为开头：

---

① 引自贾英华著《末代皇帝的非常人生》，人民文学出版社，2012年5月第一版。

初秋的微风，吹皱"太液秋波"。和煦的斜阳透过窗棂，照进中南海怀仁堂。

是历史长河的偶然抑或必然？毛泽东主席关于特赦包括末代皇帝溥仪在内的战犯的建议，就回响在昔日这座皇帝的金銮殿，使一些曾做过"宣统"臣民的皓首长须的民主人士不禁慨然。历史竟有如此惊人的巧合：当年，溥仪被慈禧"立嗣"而成为皇帝也正在此地。

虽然，这只是一个民主人士座谈会，却不失留下隽永回味的历史时刻——一九五九年九月十五日。一向崇尚"一分为二"的伟大哲学家，却令人难以思议地将两件毫不相干之事"合二为一"：开国元勋彭德怀将被黜免，末代皇帝溥仪即蒙特赦。两个截然相反的消息首次同时透露，悲剧与喜剧参半，真理与舛误同熔一炉，不能不使人遗憾至极。然而，这毕竟是史实。①

另外，笔者在拙作《末代太监孙耀庭传》一书中，又采用了"楔子"作为开头：

萧瑟的秋风，呼啸着吹掠过古老的京都，席卷着最后的落叶。高耸的宫墙，明黄与碧绿色的琉璃瓦，在仲秋的阳光下，闪泛着耀眼的寒光。巍峨宏伟的紫禁城，历经沧桑尘世，沐浴着百年风风雨雨。皇城两端的八角楼，探檐

---

① 引自贾英华著《末代皇帝的后半生》，人民文学出版社，2009年6月第二版。

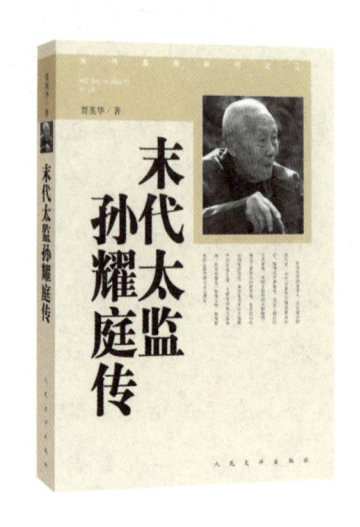

采用"楔子"开头的《末代太监孙耀庭传》

飞隼,玲珑剔透,冷眼睨视着历史舞台那鱼龙混杂的匆匆过客。

　　神武门两侧,古槐垂柳,枯叶纷飞,仅仅剩下了光秃秃的残枝。迎着飒飒秋风,风尘仆仆,走来一个五官端正的清秀少年。他身着灰色长袍,头戴一顶瓦沿(檐)礼帽,左肩扛着一个不大的铺盖卷,驻步神武门前,好奇地睁着一双炯炯有神的大眼,注视着神武门那两扇朱漆宫门,茫然四顾。抬眼,望着盘查进出人员腰牌的威武的御林军,他静静地摘下礼帽。仰望着面前那高大的丹色宫墙,一瞬间,仿佛自己变得渺小了。①

　　这种类似导语的方式,可以较艺术地引出书中的主人公。一般说来,如此开头适宜将需要高度概括的含义或重要背景,巧妙地交

---

① 引自《末代太监孙耀庭传》,人民文学出版社,2009年6月第二版。

代清楚，使书内免去许多需要说明的枝枝杈杈。在"楔子"或"开篇"处，作者还可以适度抒发文采，加大此书的感染力。这类开头方式，适用于部头较大的长篇传记文学。

10. 借助于一句经典的句子或诗句开头

此种传记以及其中前言、后记或章节的开头，要格外注意引用贴切，当然也可以内含寓意。笔者在《末代皇帝最后一次婚姻解密》一书的后记，便以一句古诗作为开头："闻钟始觉山藏寺，到岸方知水隔村。"

如此开头，或可勾起读者深一步回味的兴趣，不仅发人深省，也带有归纳提炼之意，阅读完才可领悟作者的独具匠心。

[第九章]

刻画人物七诀窍

怎么写"猪肚"?七个诀窍刻画人物本质和细节。

何谓实录?——谨记古代史学家班固褒赞司马迁的八句话。

两种笔法:一是,关键时刻的大是大非;二是,见微而知著的凡间小事。二者不可偏废。

小中见大。描写英国首相撒切尔夫人的一件小事,没准儿也能给传记作者点滴启示。

仔细推敲起来,人物传记最感染人的莫过于对传主性格的真实描述。这往往是读者印象较深之处,也是作者需下功夫的关键之点。

一般来说，撰写人物传记的通常套路是以介绍传主的家庭背景开始，再从童年、少年、青年的成长依次展开，直至记述中年到老年的毕生经历，其中自然要突出记述其一生的重大功过。在传记的末尾，既可以综述人物的功绩成败，也可以对人物作出总体评价。

撰写人物传记，除了记述传主的人生经历，更重要的是，还可透过刻画人物的本质，反映明确的主题。对于人物形象的刻画，往往通过对人物的性格特点、外形特征、语言特色、心理活动乃至习惯动作等人物典型细节的描写，竭力而全面地塑造出一个真实的人物。

一
七个诀窍

1. 据实以录

撰写人物传记，最简单的所谓诀窍，也可以说是最难做到的，就是据实以录——"实录"。

如何做到"实录"呢？古代著名史学家班固早在两千多年前，

便以司马迁的《史记》为例，归纳了八个实质问题，阐明了什么叫做"实录"。

"服其善序事理，辨而不华，质而不俚，其文直，其事核，不虚美，不隐恶，故谓之实录。"①

这八个实质问题，仅是以上八句话。但说起来简单，做起来何其难矣。

（1）善序事理。原文是，"服其善序事理"。这就是说，班固最佩服司马迁善于把所叙述之事的深层次道理说透。

（2）辨而不华。延伸一点——庄子曾说过，"大辩不言"。即善辩的智者，自知真理不辩自明。而司马迁的《史记》自然经得起推敲和辩论，但用词并不过分华丽。

（3）质而不俚。这是指司马迁写人或记事的文字质朴，但又不使人觉得像那些粗俗的口语。

（4）其文直。这句话是说司马迁行文直白，也可理解为并不歪曲事实或采用曲笔。

（5）其事核。这里指司马迁对所写之人、之事，都经过核实无误。另有一种说法，即"核，坚实也"。

（6）不虚美。这是说，司马迁对笔下的人物，绝不毫无根据地给予溢美之词。

（7）不隐恶。司马迁对于所写到的人物，绝不掩饰或隐瞒那些鲜为人知的恶行。

（8）故谓之实录。这句话点到了实质——皆因以上这些记载符合历史事实，所以把这种记载称之为真实的记录。

---

① 引自班固《汉书·司马迁传》。

基于以上对司马迁的评价，班固大加称赞他具有良史之才。应该注意，撰写人物传记的本质是在记史。亦应谨记以上八句话，无论对什么人物都应据实以录，绝不能编造或虚构——谓之"实录"。

2. 人物的鲜明性格是区别于他人的重要特点

对于传记人物来说，有无鲜明的人物性格，是传记作品有无生命力的显著特征之一。

"性格"二字，既虚又实，它既体现在人物的"表象"，也反映了人物的"内在"，一般还是传主生平所实实在在发生的重要事件的真实写照。虽说"性格决定命运"这句话，多少有点儿绝对化，但传主一生关键时刻所表现出来的性格特质，却是传记文学作品挖掘人物的内在品质所在——不可或缺的重要内容。

从中国传记文学的发展来看，历代传记作家尤其在人物性格塑造上，从中国古典四大名著中汲取了许多营养。一般作者形容棱角分明的典型人物，若属于勇猛型，则往往比作类似《三国演义》中的猛将张飞或《水浒传》里的李逵的性格。但须知，这是古典小说塑造的典型人物，对现实生活中千差万别的活生生人物来说，相距何止十万八千里。然而，小说塑造的典型人物性格，对描述真实的传记人物却产生了不可忽视的影响。这是无法否认的。

如果人物传记当中，没有表现出粗中有细的种种复杂性格，就会流于一般的程式化记述。有人凡写到娇小姐，便惯于写成病恹恹的林黛玉，而没能挖掘其内心反叛封建礼教的深层次内涵，反倒会使人物归于肤浅化。这是借用小说中的典型类比刻画现实中的传记人物。对于传记人物性格的描写，切忌脸谱化。现实中人物的性格千差万别，脾气有急有缓、有快有慢，有暴躁型也有温和型，切不可一概而论。

如何刻画现实中的人物性格？最有效的莫过于采用记述典型的事例，以体现人物的性格。众所周知，巴顿是一位声名显赫的"二战"名将，在记述他的传记当中，有这样一件事使人印象深刻。

第二次世界大战期间，美国空军降落伞的合格率为99.9%，也就是说，从概率上统计，每1000个跳伞士兵中，会有一个人因降落伞不合格而丧命。军队要扭转这种状况，必须使生产合格率达到100%。

哪知，工厂负责人两手一摊，无可奈何地对巴顿将军解释说，他们已经竭尽全力，99.9%的合格率已达到质量极限。谁也没料到，巴顿将军二话不说，突然改变了检查验货制度，随机挑出几个降落伞，让工厂负责人亲自跳伞检测。不久，意想不到的奇迹出现了，降落伞的合格率居然达到了100%。

显然，与其在撰写人物传记时煞费苦心地想出多少形容词描述，不如找出一个实例来说明，这样再生动不过了。

3. 准确描述人物的特定外形以刻画人物本质

所谓描写传主的外貌体征，不是为写外貌而写外貌，更重要的是通过外貌来刻画人物的性格特征。

有一些人物传记，根本没有对人物外表进行描述，使读者不易产生直观的感觉，读完整部传记依然没有什么印象。显然，这些书便会归于失败之列。以外形来刻画人物，主要是指不仅要写出人物的外貌特点、男女性别、年龄多大、胖瘦高矮、衣着打扮以及全身的服饰特色，还要侧重描写出人物的基本神态，其中最重要的是要抓住人物的基本特点或特征。人们能记住或印象深刻的，往往是传主区别于他人的特质。

人物的面部特征尤为重要。在记述一代伟人的外貌特征时，无论作者描述得如何出神入化，但倘若没有点出他的脸部嘴下那颗特有的痦子，这种记述便显然没成功，因为没有抓住人物最具特点的外貌特征。

仔细推敲起来，人物的外貌，有的并不一定与内在的性格相符，有的甚至是相反的。外表粗鲁的土匪大致相同，人们习以为常。而貌似秀才般的土匪，反倒没准儿使人印象深刻得多。京剧中典型的"脸谱化"，倒是传记作者应引以为戒的反面教材。

4．以特有的习惯动作反映人物特点

人物的"音容笑貌"，通常最容易被人们记住。例如，此人成天是一副笑脸，还是神情严肃地板着面孔，往往成为周围人记忆深刻的印象。再有，准确抓住人物的习惯性动作，使之符合人物的基本性格。动笔之前，要通过认真观察，选准具体、富有特征的面部表情或典型动作来表现传主的鲜明性格。

诸如，一代伟人以有力的手势助说话的习惯；"副统帅"在"文革"期间出席各种活动，必手举语录的习惯；总理通常右臂弯曲地端在身前的习惯。这些细微之处的记述，常常会使人物传记的真实性大为增加，也更为可信。

5．人物的独特语言要符合人物的身份和特征

人物的独特语言，实际带有鲜明的个性特点，这与传主生活的地域和个人经历密不可分。譬如，古代人无法说出现代语言，南方

人一时难以道出老北京土话。这些个性化的特征，往往反映出人物的生活环境以及出身背景和文化素养。

除外貌形体方面的描述，要想使人物形象丰满，在语言描写方面下工夫，也易使其独具特色，令读者如闻其声，如见其人。在此方面，著名作家老舍尤为突出。他创作的骆驼祥子，是老北京人力车夫的一个典型代表，是众多"祥子"真实的"聚合"。传记作者宜着力研究并借鉴老舍小说中的人物描述和"走心"的刻画。

6．准确把握反映人物的心理变化特点

客观地看，典型传记人物因其独特的人生经历，其内心世界极其丰富。如何客观地反映而非人为臆造人物内心的爱恨情仇，以及喜、怒、哀、乐、羡慕嫉妒恨等，这不仅是作者的文字功力所在，更需要读懂传主的毕生经历：一要真正弄清传主毕生的目标和追求；二要弄清传主在人生几个关键时刻的基本态度。这不仅要从传主留下的日记等一手史料中寻找答案，还要通过采访他人以及通过第一手的档案史料等，真正弄清楚传主的本质态度。

至于少数至今没弄清楚的历史人物的本来面目，或许是历史人物复杂，也许是因为旧档案至今未解密。所以，对此类传记中的人物结论，要注意留有余地或做备注说明，以使后人能有所留意。

7．人物在关键时刻的典型细节描写

根据人物的性格，选取最具有特征的典型细节，进行准确而真实的描写，使人物性格更加鲜明。另外，人物传记可以从正面

以及侧面记述人物生平的细节，尤其是对于人物所经历的关键事件，需要下苦功夫挖掘矛盾或冲突，这样才可以深刻展现人物的思想内涵。

对个别在历史上存有争议的人物，甚至已有"结论"的所谓负面人物，也要通过新发现的史料，对其一生功过特别是关键时刻的细微表现，作出客观记述。而不能只图省事，照抄照录过去数十年前甚至更为久远的旧结论。

二
刻画、表现人物本质的两种写法

应当说明，在人物传记中若想准确刻画人物本质，绝非可以凭空而来，而需要在掌握足够史料的基础上，才谈得到这一问题。

刻画人物本质，有两种写法：

第一种是作出明确评价；第二种是只平铺直叙传主的毕生事迹，让读者自己去做结论。

倘若对传主作出评价，就要写透人的本质，不能回避。

表现人物本质，也有两种写法：

第一种是面对关键时刻的大是大非；第二种是见微而知著的凡间小事——也许更能刻画人物的本质，还可能更加感动读者。在人物传记创作中，这恐怕要因人而异，不可一概而论。

以一件细微小事刻画撒切尔夫人的人物本质，效果呼之欲出。

在一本描写英国前首相撒切尔夫人的书里,作者特意写到发生过的一件小事。一次,撒切尔夫人与内政大臣共进工作午餐,没料到,当端上热汤时,一位女服务员不小心将热汤扣在了内政大臣的脑袋上,撒切尔夫人立即站起身,并未责备而是拥抱吓傻了的女服务员,并柔声安慰她说:

"不要紧,谁都会犯错的……"

对此,一向以孤傲著称的台湾学者李敖评论说:女服务员比内政大臣更需要安慰,百姓比官员更需要关怀!

三
突破"三讳",挖掘人物内心世界

"三讳"沿袭至今,对传记作者甚多荼毒,不得不说。

一是,为"圣者"讳——或说为"尊者"讳。

古已有之,类似"皇上"的毛病不能说,即避"圣讳"。若延伸至"尊者",这个范围就更加广了,包括长者、师者、老上级等。这对于欲准确刻画"圣""尊"类人物,是一个致命"伤"。倘若人物传记专拣好的一面写,难免出现难以计数的虚假的"高大全"。此风不可长,若此便会成为传记文学的灾难,这并非妄言。

二是,为"贤者"讳。

为贤者讳,这也是古往今来的一大避讳。所谓贤者,多矣。如果为一个只是领导树立起来的正面人物作传,回避其缺点及人生之

"失",写其根本没有过"走麦城",只是"过五关",一帆风顺,就会不可避免地失去其真实性。这样的贤者,不会令人相信,这样的传记也不会被社会或读者认可。

三是,为"亲者"讳。

这是封建社会"三纲五常"(注:三纲五常,是旧社会的封建礼教。三纲,指君为臣纲,父为子纲,夫为妻纲。五常,指仁、义、礼、智、信。三纲理论体现了君本位思想,最早见于《韩非子·忠孝篇》)的变种。以往,儿子根本不能提及父亲的过失或毛病,对于家人或亲戚,也绝口不能提其缺点。如果按此逻辑撰写人物传记,那便又成了致命硬伤。所以,由亲属执笔撰写的人物传记,可信度较强,但也有一个共同的毛病,即亲属角度之"讳"的问题,时常难以避免。

倘若遇到有争议的历史问题,则首先应当考虑到跳出"亲"者的范畴,去揭示或分析真正的历史真相,这并非个案。如果一味文过饰非,就会使后人莫辨真伪,最终成了"一生真伪有谁知"。

挖掘人物内心世界,是撰写人物传记的一大难点。这里与其说是描述人物,倒不如说是客观记述更加确切。这并非需要侧重于分析,而是亟须从史料甚至从寻找史料起步去提炼。这是一个并非可舍弃的重要问题,不能不提及。

当然,从档案记载或从传主亲笔所写的日记中,也可寻找线索和踪迹,这是较为可信的,但对后者须辨析识伪。

然而,以上两点也并不能全部作为依据,而要考证传主当时的历史环境和真实境遇。因为档案也有造假的,日记中也会有不少"避讳"或故意混淆是非而为自己护短之处。

这并非个例。譬如,溥仪在后期留存的日记中,就有不少诸如

"……万岁""……万寿无疆"等故意给别人看的记述,需要对其动机进行深入解析。从溥仪在"文革"的境遇中,亦不难发现他的困惑及混乱的思维。他最终死于他所拥护的"文革",便是无可辩驳的明证。

末代皇帝溥仪留存笔迹中,有不少亲笔抄录的"伟人语录"

[第十章]

人物传记内容的取舍与语言凝练

人生大取舍——

如何撰写传主一生,也同样面临取舍问题。这是撰写人物传记能否成功的一个关键。若把握不好,很可能形成一本"流水账"。文字凝练,同样也是一种精彩。对于传主而言,其人生有一个取舍和选择的问题。对于传记作者而言,同样也有一个如何准确认识和评价传主一生的问题。

在充分掌握传主大量历史资料的基础上，传记作者首先面临着内容的取舍问题，这也是撰写人物传记的一个重要问题。如果把握不好，很可能形成一本"流水账"。

一 人物传记内容的取舍

对于传记作者而言，如何撰写传主的一生，不仅同样面临取舍，更是对传主人生认识的大取舍。这是人物传记能否撰写成功的一个关键，不可不重视。过去，笔者家门口有一个茶馆，起名"大取舍"。也许，这对撰写人物传记倒不无启示。

人生历程很漫长，一部传记不可能把一位人物的全部经历，事无巨细地记载下来。只能客观地截取人生的重要片断——"删繁就简三春树"。

如何把握人物传记内容的取舍和删节原则，笔者认为至少有以下三点：

一是，尽可能全面而不能肢解地截取传主人生最重要的内容。对于传主最主要的精彩情节，必须突出且多着笔墨；对于传主一生的主要成就，必须重点突出记述出来。否则，这部人物传记便属失败之作。

二是，绝不能写成单纯以颂扬为主旨的"表扬稿"，即使是撰写一部正面人物的传记，也需要实事求是，以体现传主鲜活的多彩人生。对其毕生功过，务求客观，既不夸大，也不缩小。人非圣贤，孰能无过？更何况圣贤也并非无过——子见南子，招摇过市，历史上对此也非议不少。

三是，如何自我判断人物传记的取舍成功与否？这里提供一个自我参考测试——可以在书稿完成并确定对人物的基本评价之后，尝试着把其中的某些内容删节。如果影响了人物主干和总体判断，那么无论如何不能去掉；如果觉得可有可无，对人物形象没有任何影响，就说明这一内容意义不大。

有这样一出戏剧。一开场，便见桌上搁着一把手枪，观众始终盯住这把手枪，可直到戏剧结束，这把手枪也没派上用场。因此，这一情节不仅是多余的，反而起到了误导观众的负面作用。因此，类似内容必须删掉。

至于对传主的评价，既可以单独写出来，也可以寓结论于叙事当中，因人而异，尽量采取最贴近客观的方式处理。其核心是看能否突出主题，强化人物效果。

二
人物传记须语言凝练

若想使人物传记撰写成功，不仅需要史料扎实，还需要独具文采，语言凝练便是其中一项基本功。

"无文无以行远"①，这里指的是，没有文采的文章是不可能传播很远的。

什么是具有生命力的文字呢？著名作家老舍从另一角度指出："简单、经济、亲切的文字，才是最有生命力的文字。""中国的语言是最简练的语言。"

凝练，同样也是一种精彩。但凡伟大人物，大多是语言大师。以下仅举几例。

笔者一位朋友在其书中，辑录了不少锦言妙语、奇人异事，雅然成趣，尤倡文字简洁，内中几例：

其一，记述一位国家领导人一向语言简明、扼要。他的一个著名题词，仅四个字：太极拳好。

其二，一次，一位国家领导人的女儿询问父亲对长征的体验。出乎意料，他的父亲根本没有发表长篇大论，只简答三字："跟着走。"粗看起来，似乎并无高深莫测之处，但若读懂中共党史，再细品起来，才知其何等凝练传神。

再譬如，民国期间召开的一次国民参议会形成的议案，仅十字：敌未出国前言和，即汉奸。这个著名的议案，概念明确，语言

---

① 此句最初源自《左传·襄公二十五年》："言之无文，行而不远。"

精练,成为一个被经久传颂的典型范例。

人物传记的文笔,可有多种风格,但语言的凝练,似可借鉴。锤炼这种凝练和精彩,也是传记作者应有的一项基本功。

三
以切合身份的语言记述传主

准确选择适合传主身份的语言,塑造传记人物形象。

这里先说一则故事。20世纪五四运动前后,对使用白话文还是文言文,曾爆发过一场旷日持久的争论。大学者胡适提倡使用白话文,而当时与其不相伯仲的北京大学知名教授黄侃[①],与并称"国学大师"的章太炎和刘师培,却都提倡使用文言文。

颇值得一提的是,在北京大学展开的一场对使用白话文的公开辩论中,黄侃幽默地对胡适嘲讽说:

"你口口声声要推广白话文,未必出于真心。"

胡适顿时愣了,没弄明白这是什么意思。这时,黄侃继而调侃地说:

"如果你身体力行的话,名字就不应叫胡适,应该叫'往哪里去'才对。"

在这个问题上,两人观点针锋相对。紧接着,黄侃在课堂上大

[①] 黄侃(1886—1935),字季刚,湖北蕲春县人,时任北京大学教授。

现代著名学者胡适　　　　　　　北京大学著名教授黄侃

谈白话文，又调侃起了胡适："白话文与文言文，孰优孰劣，毋费过多笔墨。比如胡适的妻子死了，家人发电报通知胡适本人，若用文言文，'妻丧速归'即可；若用白话文，就要写'你的太太死了，赶快回来呀'11个字，其电报费要比用文言文贵两倍。"

课堂上的学生，顿时哄堂大笑。胡适不仅对文言文，而且对传统事物，也常常持反对态度。

一次，胡适与黄侃又聚在一起谈论起了京剧。胡适的观点非常明确——京剧太落伍了，甩起一根鞭子就算马，手拿两杆旗子就算车，应用真车真马才对。

孰料，黄侃立即反唇相讥：适之，适之，唱武松打虎怎么办？

胡适一时语塞。在场的人们，又是捧腹大笑。①

近百年来，在推进白话文还是文言文的问题上，实际早已有了

---

① 引自曾西平、刘丹《黄侃：被低估的大师》，《中国人物周刊》总第二期。

结论。语言的演化不以人的意志为转移，白话文已成为社会语言的主流。这对于人物传记的语言似有一定启示，即描写不同的人物，尤其在描写彼此对话时，要准确采用或把握符合其身份的语言。

在撰写人物传记，尤其描述不同身份的人及其对话时，若处理不当，难免会闹出笑话。曹雪芹在《红楼梦》中，绝不可能让焦大说出文绉绉的秀才语言，也不会让林黛玉说出村姑的怯话来。对于描绘特定历史人物的对话，适当使用文言文，可以使人物传记变得精彩起来，使人物在书中"活"起来，也更符合历史的真实性。

[第十一章]

关于人物细节的描写及虚构

成功在于细节。对于人物传记来说,成功不仅在于基本架构,也同样在于细节。

对于人物细节的虚构描写,需十分谨慎,绝不能脱离传主的真实经历、个性和环境,更不能哗众取宠,胡编乱造,"媚俗"的虚构应坚决反对。

武王伐纣,彗星划过天空所带来的启示。

有关人物细节的描写,各方看法不一。然而,成在细节真实、败在任意虚构。

有关人物细节的描写，各方看法不一。有人认为，如果不虚构人物细节，人物传记就无法撰写成功。有人则认为，人物细节绝不能虚构，若全部如此，人物传记岂不成了小说？

究竟孰是孰非？

一 有关人物细节的描写

对于人物细节的描写，也须真实。

譬如笔者在《末代皇帝的后半生》中，开头便描写中南海内的怀仁堂——过去的仪鸾殿，上边悬挂着"八瓣莲灯"的细节，又具体描写了伟人的老习惯，从烟盒内弹出一支特制过滤嘴"熊猫"香烟，按照老习惯，一掰两截，将半支插入玻璃烟嘴。这些人物细节，绝对不是随意或想当然的描写，而是经过大量实地踏勘和采访的结果。

书中这样写道：

　　八瓣莲灯骤亮。容颜焕发的伟人缓步迈入大厅。落座后,他从烟盒内弹出一支特制过滤嘴的"熊猫"香烟,按照老习惯,一掰两截,将半支插入玻璃烟嘴,信手点燃。他满面笑容地与总理侧身交谈,又不时向李济深、张治中、程潜等老熟人点头打招呼。①

别看书中仅寥寥几行文字,笔者却是遍查中央档案馆的相关档案,再采访多人核对的结果,几乎每一句都有出处。例如第一句:八瓣莲灯骤亮。笔者为此亲自到怀仁堂内仔细数过,眼见确实殿顶悬挂着八个瓣的莲灯之后,才写入书内。

另经采访得知,伟人当时吸的是特制过滤嘴的"熊猫"香烟。据了解,当时确有北京卷烟厂一个小组的工人在中南海东门外,专门为伟人特制这种香烟,直到他逝世之后,这个小组才撤销。书中描写伟人用手指从烟盒内弹出香烟,既不是拿出来,也不是直接叼入嘴内,而是慢悠悠地将半支香烟插入玻璃烟嘴内。这是伟人独特的吸烟习惯,而这些细节只有他身边人员才知道。

为撰写此书,20世纪80年代,笔者在北戴河采访了伟人的秘书叶子龙,才了解到这些历史细节。他向笔者介绍说,每逢伟人将要作出重大决断或发脾气前,吸烟时大多都会把香烟一掰两截,这个习惯只有他身边极个别注意观察的秘书才知道。所以,这种刻画人物细节的描写,是以原始档案以及采访多名当事人为依据的。细节的真实,使得此书从开头读起来便觉得生动、可信,也可以说达到了基本还原当年历史场景的效果。

---

① 引自贾英华著《末代皇帝的后半生》,人民文学出版社,2009年6月第二版。

又如，当年溥仪被特赦，成为震惊世界的一件大事。对他回到北京那一天是早晨几点抵达北京火车站，因年代久远，众说不一。笔者查找到了当时原始的火车时刻表，才将此时间写入书内。后来发现溥仪一位亲属日记的记载时间与此时间不符，再细细核对才发现，就在溥仪抵京前不久，火车时刻表发生了变更，理应参照最新的火车时刻表据实记载。

随即，笔者去北京铁路局查找到了档案中变更后的火车时刻表，又采访了和溥仪同坐一排座位上的特赦的国民党将军孟昭榏，还与亲自到火车站迎接溥仪的一位亲属写的日记以及一份政府简报分别做了核对，然后再逐一采访了赴火车站迎接溥仪的几位亲属之后，才最终将准确时间写入书中：

> 列车鸣笛，令溥仪汗颜的回忆被打断了。
>
> 他在车上手忙脚乱地收拾起东西。其实，所有的东西，他的那只黑皮箱就足以装下。这是个长方形状的、原在伪满装小型电影机的皮箱。他当年逃离长春时，携带的就是此箱。哐当，列车停稳了。他一手提起黑皮箱，一手拿起往日盛消化药的瓶子。
>
> "药瓶，你放进书包不就行了吗？何必捧在手里。"老孟轻声提醒他。
>
> "对……"溥仪不好意思地笑着采纳了建议，然后，随老孟等人大步迈下火车。
>
> 这是北京时间：一九五九年十二月九日，清晨六点三十分。
>
> 他走下车，随即看到了迎候在站台的五妹金韫馨和

她的丈夫万嘉熙以及四弟溥任，堂弟溥佳和溥俭。在人群中，老孟找到了等候已久的妻子和两个儿子。郭文林也下了车，想顺便进京看望一下旧日的朋友，他没有家属来接，在旁边看着溥仪与家人久别重逢的动人场面，异常感动。

"大哥！"

"五妹……老万，俭六弟……"

溥仪应接不暇地与前来迎接的人们握着手，这是普通公民式的握手，已见不到当年君臣之礼的半点影子了。从他们的称谓上，也可察觉，他们从以前被封建等级隔绝的疏远名分，恢复了骨肉关系，而且建立在了一种新型的基础上。他与溥任近二十年未曾谋面，相见时，面带疑惑，竟认不出了。因为，溥仪在伪满最后一次与他相见时他才十四五岁，而今个子却和自己一般高了。

"这是四弟溥任啊！"

"噢。"待老万告诉溥仪，他才恍然大悟。

站台上，新闻记者的摄影机显眼地架在车门前面。当溥仪与昔日的"皇姑"握手时，记者揿动快门，摄下了一个饶有趣味的镜头。他看到，五妹身着普通棉衣，头围一条微带孔眼的驼色围巾，完全是一副劳动妇女的打扮。在她淳朴的笑脸上，已丝毫不见当年五格格的娇态。①

在人物传记中，有关气候的细节容易被人忽略。但在特定形势

---

① 引自贾英华著《末代皇帝的后半生》，人民文学出版社，2009年6月第二版。

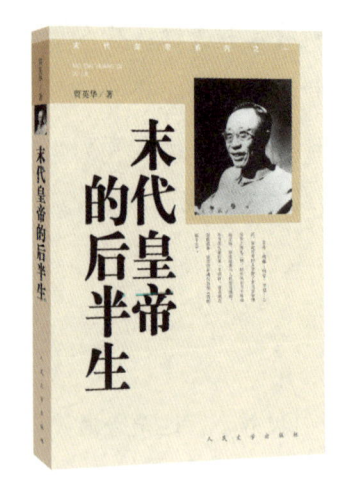

注重人物真实细节描写的《末代皇帝的后半生》

下，此细节却有着特殊隐喻的含义。当笔者写作《末代皇帝的后半生》，描写溥仪"文革"期间结束在北京低压电器厂最后一天的劳动这个情节时，特意查找了溥仪那天的原始日记，还专门找到了北京市气象局那天的天气预报，才在书中写到溥仪离厂的真实情景：

> 他走出了厂门，步履迟缓。盛夏季节，他的身后未投下惯常的身影。因为，离去那天，头上顶着隐隐雷声，天空黑云沉沉。①

笔者之所以记述溥仪那天"身后未留下惯常的身影"，是因为那天是阴天，没出太阳。这与溥仪的心情是吻合的。因为这一天以后，溥仪所处的社会环境每况愈下。细节的真实，要经得起历史的检验。即使再过上千年，如果考证这一天，仍会发现笔者

---

① 引自贾英华著《末代皇帝的后半生》，人民文学出版社，2009年6月第二版。

《淮南子》记载：武王伐纣……彗星出而授殷人其柄

书中的记载和气象预报是一样准确的。笔者觉得，这样记述细节才有历史价值。

有一件历史细节或许可以作为撰写人物传记的借鉴。历史上武王伐纣究竟发生在哪一年，史学界一直存在争论。据《淮南子》记载："武王伐纣……彗星出而授殷人其柄。"[①]也就是说，那一天正赶上天空出现彗星。查找原始的天象资料，便可准确地知道那是公元前1046年1月20日。武王正是在这一天凌晨，对纣王所居的朝歌城发起总攻。此时一位史官恰巧回头遥望天空，偶然见到彗星划过，便记录下了这一重大的天文现象。

这一处珍贵历史记载，不仅对于"夏商周断代"起到了重大的参考作用，而且对鉴定中国历史分期，也具有重大历史价值。

《末代皇帝的非常人生》获中国传记文学奖之后，《人民日报》在发布消息时，将笔者这本书注明是"小说"，很可能是编辑看到内中有大量细节描写以及一些对话，误认为此书系虚构而成，所以

---

① 引自《淮南子·兵略训》。

注明是小说，其实是产生了误解。

不同于一般历史人物传记作品的是，这本书是在采访三百多位历史当事人之后写成的，所依据的都是第一手史料，并非从网上或他人的书中间接引用、拼凑而成的人物传记，没有任意虚构的历史内容。

二
人物传记的虚构问题

如何处理人物传记中的细节描写以及虚构问题，万伯翱和马思猛合作撰写的《孟小冬——氍毹上的尘梦》，提供了一个很好的范例。

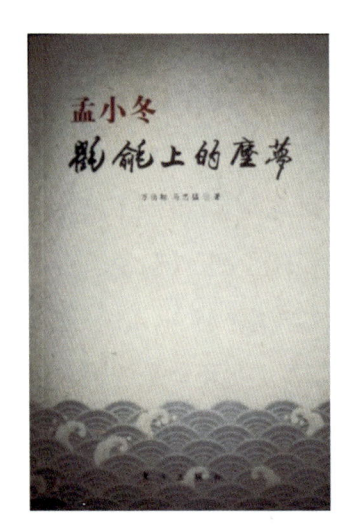

万伯翱、马思猛著《孟小冬——氍毹上的尘梦》

在民国京剧名家孟小冬的一生中，颇具传奇色彩的是，她七岁登台演出，堪称一位"奇女"。由于缺乏史料，如果仅凭有限所知，在不虚构的原则下，便极有可能把这一有意思的情节寥寥几笔带过，根本不可能出彩。

然而，万伯翱通过采访孟小冬的过继女杜美霞，挖掘到了一个精彩的史料情节，把人生第一次登台出场的孟小冬描写得活灵活现，也可以说借此展现了她一生特立独行的性格。

书中在稍作铺垫，交代了孟小冬的父亲孟鸿群走南闯北、勉强维持一家人生计的背景下，记述了一场意外——祸从天降，孟小冬就此结束了天真烂漫的童年生活。引出这一悬念后，紧接着记述年仅七岁的孟小冬第一次登台演出，纯属意外：

一天，父亲孟鸿群在天津演出《八腊庙》，饰演诸彪，这是一出开场戏，在与费得恭的厮打中，突感不适，一阵天昏地旋，倒在台上，演出被迫暂停，台下观众哗然。本来孟小冬正在下场门看戏，她看着众人把父亲从下场门抬下来，见父亲勉强站起来，表示无大碍，欲坚持继续演出。七岁的小冬好像一下子成了大人，挺身对父亲说："爹爹，您多歇一会儿，别叫台上冷了场，我去给观众清唱一段。"说着，便绕到上场门，挑帘登台。

台下的观众立刻安静下来，只见孟小冬大步走到台口，向台下观众深深一躬，说明其父稍有不适，休息一会儿即可复演，接着说："下面由我孟令辉代父加演一段清唱《捉放曹》。"说完，又向台下深深一躬，然后又向琴师一躬，说："听他言，正宫调。"台上台下的人，都被这俊秀大方的小姑娘惊呆了，骚乱的剧场立刻变得鸦雀无声。"听他言，吓得我心惊胆怕"，一句出口，就博得满堂彩，这一大段唱下来，"好"声不断。孟鸿群简直不敢相信眼前所发生的一切，他望着自己不满八岁的女儿，眼圈湿润，一阵心酸泪涌如泉。

从以上描写可以看出，万伯翱虽然当时不在现场，但他采访了孟小冬的过继女杜美霞，获得了第一手史料，对孟小冬的家境及其父的身体状况描述都极为真实。更难得的是作者懂戏，从孟小冬父女俩由上场门到下场门，再到这出戏的细节描写，叙述的都是内行话，所以阅读起来颇为可信，给读者以如临其境的感觉。

谈起传记文学作品的创作经历，万伯翱深有感慨：

"传记文学作品在描写传主情感时，主要是依据材料设身处地去体验和感受传主的心理世界。这时传记文学作家应当非常谨慎，而决不能脱离传主的经历、个性和当时的环境，更不能哗众取宠，胡编乱造，那种'媚俗'的虚构是我们坚决反对的。"

对此，万伯翱尤其强调："传记文学作家应当尽可能多地占有史料，一定要深入采访，不能一味地照搬照抄前辈的资料，又以一种严谨的态度去写作，这样合理地虚构就会带来艺术的升华。"

[第十二章]
撰写人物传记须注意行文规范

没有规矩怎成方圆？撰写人物传记须注意行文规范。

五点提示，确是传记创作的题中应有之义。

凡涉重大政治、民族等问题，须当谨慎。

撰写人物传记，谨防误越"雷池"——闹出笑话或出现重大差错。

撰写人物传记,应当注意行文规范,谨防误越"雷池"。否则,会闹出笑话或出现重大差错。

一
行文规范的五点提示

1. 关于事涉政治问题

在撰写人物传记时,凡涉及重大政治问题的提法,都要按照国家有关规定准确撰写,以防出现错误,尤其对历史上发生的一些有争议的重大政治问题,需慎重对待。客观地看待历史问题,防止出现过于偏激的观点。

2. 对于事关民族问题

这要按照国家有关文件认真对待。对于历史上关于唐、宋、元、明、清等朝代的一些民族问题的提法,务必避免民族歧视以及引起民族矛盾,宜用历史唯物主义的观点解析并处理。

至今,不少书籍提及清朝,仍然称之为"满清"。早在20世纪的1956年，末代皇叔载涛看到社会上仍然存在歧视满族的现象，一些报纸、杂志时常提到"满清"，于是，他向中央写信反映这个问题，认为"满清"的提法含有歧视的含义。

为此，中央召开会议，研究了对待满族的提法问题，还专门由国务院颁发了一个文件，明确规定一律不要再用"满清"这个名称。

目前，一些人物传记在涉及内蒙古称呼时，经常将其简化成"内蒙"，应当统一改用全称。对其他少数民族的称呼，也以采用全称为宜。

3. 避免使用过时的旧提法

一些人物传记将民国时期各种政府机构，称为"伪政权"或反动政权。对此，应统一按照历史上的提法，去掉"伪"字，也不应将它们全部称为反动政权，而应使用当时政权的全称。

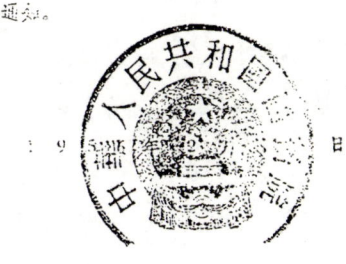

国务院下发文件，明确规定一律不要再用"满清"名称

4. 防止出现错误的提法

前些年，有的书把香港、澳门回归前以及台湾等地称为"国外"，实际应当准确地称为"境外"，虽然仅一字之差，却有天壤之别。

一些人物传记中涉及的历史人物，曾在民国时期担任过不同的职务，应当审慎对待，宜避免统称之为"反动机构""反革命"或"伪职"等。

5. 规范书中数字、标点等用法

这个问题较为简单，应按照国家相关标准，规范使用。

另外，还应注意常见的一些错误写法，譬如：两、二不分问题——两个问题、两处住房，有的人却时常写成"二个问题""二处住房"。实际上，只要稍加注意，便可避免。

二
恰当运用前言、后记以及序言、跋等

在人物传记撰写中，如何恰当地运用前言、后记以及序言、跋等文体，把读者应当了解的内容阐述清楚，也是一个不应忽视的问题。

前言，顾名思义，是指在书前边所写的话。一般来说，可以将撰写此书的由来以及需要说明的重要问题，在前面向读者交代清楚。其中包括对于此书传主以及书的核心内容，做必要的提示和介绍，还可以借此感谢撰写或出版过程中提供过帮助的人。

如果此书系再版或修订，内中介绍此书出版以来的反响以及新版传记对哪些内容作了补充或修订，也可以称为"再版前言"，有助于读者了解此书的来龙去脉，以加深对此书内容的理解。

一般来说，前言可由作者撰写，也可由出版社撰写，还可由作者草拟之后交出版社修改审定。这三种方式都可以选择使用，主要视此书出版时需要向读者交代的实际情况而定。

后记，即附在书后与此书密切相关事项的一些说明。一般认为，后记起源于唐代韩愈所作《科斗书后记》，嗣后才有了"后记"一说。其实，后记往往系不宜直接写入传记正文的文字，也往往被作者视为书中未尽之言，通常是有感而发，也可以是对书中内容所作的强调提示或说明。

按照文责自负的原则，后记通常由作者撰写。

序言，最早始见于南朝的梁代文学家萧统[①]所著《昭明文选》。唐宋以来，文人所著文集或诗集的卷首常见所撰序言，直到如今，渐渐演化成文坛风气。

序言，一般分为自序、他序及代序三种形式。

自序，通常为传记作者所作，用以说明此书撰写的来龙去脉，以及不便写入书中正文的有关内容。

---

① 萧统（501—531），南朝梁代文学家，南兰陵（今江苏丹阳）人，梁武帝萧衍长子。于天监元年十一月被立为太子，但未及即位便病逝，谥号为"昭明"，故后世又称其"昭明太子"。萧统主持编撰的《文选》，被后人称为《昭明文选》。

梁武帝长子萧统主持编撰的
《昭明文选》

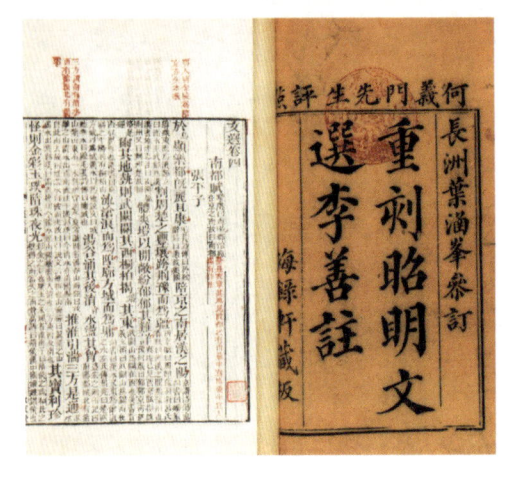

《昭明文选·南都赋》

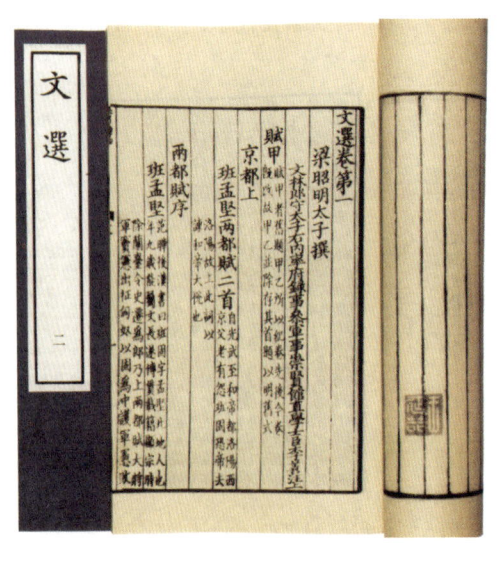

《昭明文选·两都赋》

对于特殊历史人物，也可以由传主本人写一篇自序，以增强历史真实性。在《末代太监孙耀庭传》一书出版前，笔者特地前去广化寺，当面请老太监孙耀庭亲笔撰写了自序，在此篇自序中，老人不仅追忆了其一生经历，也对亲历的宫中往事作了重点回顾。出书时，笔者将孙耀庭亲笔书写的"自序"手迹印在了此书卷首，为此书的历史真实性增色不少。

他序，通常是由熟知作者或传主的他人来撰写。这类序言，既可以对传记作品实事求是地加以评价，也可以在序中介绍作者或书中涉及的重点事件。如果他序写得好，无疑可以起到画龙点睛的妙用。

代序，常见于两种情况：一是以诗文代序，二是以一篇专论文章来代序。譬如，《末代太监孙耀庭传》一书出版前，笔者诚邀老友溥杰先生作序——本来出版社为此代拟了一篇序，但他并未采用，而是亲笔写了一首诗代序，其中写道："难得清宫汇秘闻，拨

末代太监孙耀庭亲笔为《末代太监孙耀庭传》一书卷首题序

开当日九重云。"谁都知道，溥杰先生一向最反对拿清宫秘闻说事儿，可此番他看过书稿之后，以历史中人身份破例称赞此书揭秘清宫真实秘闻——包括人所罕知的其生母自杀内幕。此书首版印行10万册，成为畅销书。

再如，《末代皇帝的后半生》，由溥仪的《我的前半生》执笔人李文达写了一篇"代序"——《人道主义的光辉》。这篇文章不仅客观评价《末代皇帝的后半生》成功续补了"前半生"的意义，更主要的是对溥仪的传奇一生，作出了中肯的评价。鉴于李文达与溥仪的特殊关系，这篇"代序"具有重要的文史价值，自然也对《末代皇帝的后半生》的出版，起到了重要评介作用。

窃以为，在撰写这三种"序"时，要注意两种情况：

一是，要防止作序者过度吹捧作者或作品，以免引起读者反感。

二是，尊重应邀作序者。笔者就曾遇到过不止一次这种情形——当应邀为一部人物传记作序后，出版社未经笔者同意便擅自作重大改动，并在序中任意添加内容，以致几乎闹出笑话。前几年，在由笔者"署名"的一部人物传记"序"中，居然出现这样几句话：

"我曾立于路旁做过一个小测试：问37名过往青年，'你知道佟麟阁吗？'结果有34个摇头。再问：'你知道刘德华吗？'37个人没有不知道的。由此，我想起了××的话：'一个没有英雄的民族是可怜而寂寞的民族，一个有了英雄而让英雄沉寂的民族更是可悲的族群。'这两句话应当成为警世名言。"

明眼人一看便知，这些内容显系生编硬造，且令读者生厌。因为笔者不可能站在马路边去挨个询问路人，倘若如此岂不成了傻子？遗憾的是，当笔者见到出版社擅改的"序"时，此书已正式面世，再说什么都晚了。显然，在撰写以上三种"序"时，要由出版社主导协调处理好传记作者与作序者之间的关系。

跋，又称"跋语"，通常与后记一样置于书后。不同的是，跋往往由他人所写，后记则通常由作者自己来撰写。最初，跋属置于书画、拓片之后的题词，后来渐次发展为缀于文集后的一种约定俗成的短文。

给人启发的是，明代著名学者胡应麟所著《少室山房笔丛·经籍会通》记载："里中有元人《育婴图》摹本，载元献跋语，凡七百言……"也就是说，史上这篇著名的"跋语"仅撰写了七百字。可见，一般说来，跋的篇幅亦不宜过长，最好言简意赅，说明题意即可。

在人物传记中，运用好前言、后记以及序言、跋等写作方式，抑或可为人物传记增色，起到事半功倍的效果。

[第十三章]
怎样写人物传记的结尾

结尾须成"豹尾",切不可虎头蛇尾。

画龙点睛,妙在阿睹。介绍八种截然不同的结尾写法。

虎头豹尾缺一不可。

力戒虚话、官话、套话。否则便成了废话。

结尾绝不可忽视。一部成功的人物传记,若结尾精彩,势必收到事半功倍的效果。

一部人物传记，倘若有一个足以吸引人的开头，往往会使读者手不释卷。而一个恰到好处的结尾，又往往荡气回肠，更加令人追味无穷。

鉴于人物不同，人物传记的结尾写法多种多样，至少有八种不同的方式。

1. 以传统的顺序写作方式，交代到传主去世

撰写清楚并写好人物的一生一死，这是人物传记的基本功。譬如，笔者在《末代国舅润麒》一书结尾，鉴于自己与传主数十年忘年挚友的特殊关系，不仅写到传主病逝后，笔者亲手将其抬出太平间，乃至写到他火化的过程。只因记述的是作者亲历，所以给读者以一种真实的感受。

> 终因全身功能衰竭，润麒先生溘然病逝于北京朝阳医院。这是2007年6月6日，晚6点28分。
>
> 2007年6月12日清晨。我手捧九朵洁白的百合花，缓步走进北京朝阳医院太平间。
>
> 上午8点5分，我与润麒的女婿老历及两名年轻人，亲手将润麒先生的遗体从太平间抬送上灵车，沿长安街缓缓向八宝山驶去。
>
> 北京八宝山殡仪馆竹厅内，庄严肃穆。润麒先生安详

地静卧在鲜花丛中，四周摆满各界人士敬献的挽联和花圈。润麒先生的遗像上方，悬挂着黑底白字的挽幛——"沉痛悼念郭布罗·润麒先生"。

6月12日上午9点15分，郭布罗·润麒告别仪式在竹厅举行。

……

对于逝者最好的追念，无疑，是告慰其遗愿。在告别仪式上，我征得润麒的家人同意，将《末代国舅润麒》的两份书稿，分别祭奠在遗像侧方及遗体胸前，遽随之火化。我含泪伫立于润麒先生遗体前，深深地三鞠躬，低声默念着："润麒先生，您安息吧！"

当悼念仪式结束之后，我满怀悲痛的心情，遂与其他三名小伙子抬起润麒先生的灵柩，缓缓步出竹厅，送入西侧的火化炉。环绕四周的松枝柏叶以及各色鲜花，透出沁

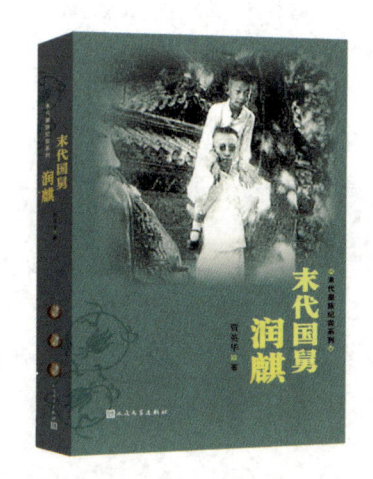

以传统的顺序写作方式，交代到传主去世前后的《末代国舅润麒》

人心脾的淡淡清香。

  9点55分，烈焰腾空，肉身"涅槃"。如虹的火光转瞬化成缕缕青烟，旋即被野外的微风轻轻吹起，飞向湛湛碧空，继而融入宛若透明的白云，渐行渐远，渺然飘逝在似乎远离尘世的天边⋯⋯

  归途，我手捧着润麒先生的遗像，陷入了无尽的追思。此时，万里晴空竟悄然下起丝丝雨滴，也似乎洒落着悲戚的泪水。

  遥望窗外，一片细雨霏霏⋯⋯①

这部人物传记以传统的写作方式收尾。描写天降细雨——润麒的遗体火化当天，天空飘起了绵绵细雨，仿佛象征着亲友无限怀念的泪水，以抒情的笔调，遥寄着众人与作者的哀思。结尾似是淡淡的描写，却蕴含着哀思不尽之意。

2．以抒发感慨的方式结尾

  这种结尾融入一些抒情的色彩，往往可以带给读者无尽的回味。譬如，在《末代皇帝的后半生》一书中，笔者便采用了这种结尾方式：

  一九八〇年六月二日，在八宝山展室内，一番斟酌后，我以稚拙的笔锋，蘸着白漆在梨木雕漆的骨灰盒正面留下了这样几行隶书：

---

① 引自贾英华著《末代国舅润麒》，人民文学出版社，2012年9月第一版。

全国政协委员爱新觉罗·溥仪生于一九〇六年正月十四日，殁于一九六七年十月十七日。

——一九八〇年五月十三日

这里，生日袭用农历，而卒年却采用了公历。它的含义是：新与旧在溥仪身上得到了神奇的统一。他生在衰败的清末，成了旧封建王朝的最后代表，而以新中国公民的身份逝世于新时代。这岂止是一个人的生卒记载——溥仪的变化，分明是中国划时代巨变的缩影。

"一九三"……我默默地望着溥仪骨灰盒上的编号，伫立良久。蓦然，一个联想涌入脑海，无论如何也难以摆脱。这个绝妙的"天赐"编号——似乎概括了他的一生！

"一……九……三……"

"一"位普通的公民安息在这里，他逝世于人民医院的"九"号病房，生前曾"三"次称"帝"——，"三"岁时便做了风雨飘摇之中的清朝末代皇帝，然而，"九九归一"，他终于成为新中国的一位普通公民。我并不"迷信"，倒相信，骨灰盒上的编号，纯出于偶然，但是"一九三"的命运落在他的身上，却绝非偶然。

他以一位获得新生命的历史见证人的身份，向世人（这里无国度的概念）述说：这个数目字，就反映沧桑变化而言，早已镌刻在了历史的里程碑上！《三字经》开篇第一个庄严的字——"人"的含义，以及最早见于《周易》中那个神秘莫测的"九"的组合，已为愈来愈多的世人所揭示。

历史的沉思是隽永的。也许追忆本书开头的"引子"会使人有所回味。这里，无妨重复溥仪生前的一句话：

"我再说一遍，在人道主义的光辉下，我获得了人的尊严，开始懂得了人生的乐趣！"

啊，广袤的土地，古老的民族，在呼唤重新认识人的价值！

然而，历史的教训是深刻的……若哲学只是作为思辨的工具，而非大棒；若健全法制起初就作为立国之本，而非恃于人治；若致力于民主建设，而非依恃某些"运动"以摧毁"复辟基础"……九百六十万平方公里的土地上会减却多少令人痛悔的噩梦？历史已经也正在证实这一点：何时，人的价值真正得到确认、尊重，社会便有光明，就具有强大的生命力，也就能够幻术般地化腐朽为神奇——溥仪灵魂的新生即是无可辩驳的明证！反之，则将可能酿成令人遗憾的历史悲剧乃至"浩劫"。

倘有疑问，那么，无妨探究一下他那骨灰盒上奥秘而又普通的数目字，以及他成为公民而凝聚了丰富内涵的平凡生活——

爱新觉罗·溥仪的后半生！[1]

鉴于笔者亲身参与了别具历史意义的末代皇帝溥仪的追悼会以

---

[1] 引自贾英华著《末代皇帝的后半生》，人民文学出版社，2009年6月第二版。

及送葬全过程，而且受其亲属委托，捉刀为溥仪题写了墓志，这是区别于任何没有切身体会的作家的经历。自然，此书结尾有感而发的真情抒发，也是笔者亲历这历史一幕的真实流露。

3. 概括评价或引用他人的权威评价，使人物评价更为客观可信

这样的结尾干脆利落，容易给人留下深刻的印象。对于重要的历史人物，还可以辟出一章，专门记述其去世之后所引起的反响以及后世对此人的评价。在《末代皇弟溥杰传》一书中，笔者便引用了香港报刊的评论作为结尾，比起内地一些报纸直截了当的"捧"论，似乎意义更深邃且更客观一些：

斯人已逝。

生前身后，盖棺论定……

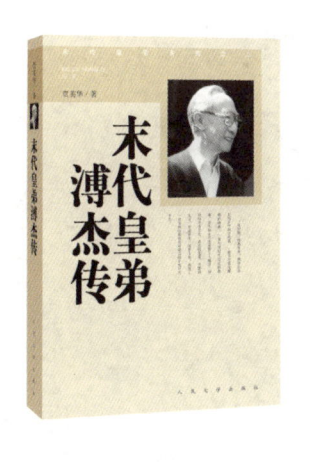

引用香港报刊评论作为结尾的《末代皇弟溥杰传》

香港《东周刊》发表的评论文章一角

角度虽不同，众多海外报纸，对"皇弟"毫不吝惜版面，相继作了图文并茂的大篇幅介绍。香港《大公报》以罕见的姿态，发表了整整两个版面的悼念文章和图片。值得关注的是，那篇哀婉长文的开头，显然流露着极为痛惜之情：

> 噩耗传来，中国近代、现代、当代历史上的一位传奇人物——爱新觉罗·溥杰谢世了。因他辞世而引起人们的悲痛，引动人们的思考，引发人们对历史的回顾，是其他任何人所不能代替，不能弥补的……①

尤其引起海外人士注意的是，香港《东周刊》杂志用整整几个版面，以详尽而又遗憾的笔调，叙述了溥杰去世前后的情形。仅悼文题目，便赫然占用了版面的近三分之一：

> 世间事，总有终结时；一个朝代如此，一个皇帝如此，一个皇弟亦如是。
>
> 爱新觉罗·溥杰，是"万岁爷"溥仪的胞弟。但万岁爷不能长存万岁，身为弟弟的他，更只得八十七岁。
>
> 在溥仪死后二十七年，溥杰也在最近逝世了。是皇弟，是阶下囚，是人大代表。如今，一切归尘土，只剩下一本未完成的《溥杰传》。②

---

① 引自1994年3月15日香港《大公报》。
② 引自香港《东周刊》第73期，1994年3月16日出版。

此书引用香港媒体评论——"如今，一切归尘土，只剩下一本未完成的《溥杰传》。"①这样，也为此书的出版作了铺垫。结尾引用他人或外媒的评述，易使对历史人物的评价更为客观可信。

4. 预留悬念的方式

以悬疑设问的方式结尾，可能会使读者阅读完毕后，依然陷入对往事的沉思。笔者在《末代皇帝最后一次婚姻解密》一书结尾，这样写道：

> 末代皇帝的最后一次婚姻，随着溥仪的盖棺论定而告终结。然而，冥冥之中的溥仪永远也不会获知自己最后一次婚姻背后的内幕故事了。
>
> 这是他命中注定之缘，还是其命运使然……

另外，在《末代皇帝的非常人生》一书中，笔者也采用预留一些悬念，作为此书的结尾，意使读者阅读完此书之后，依然保持好奇之心：

> 末代皇帝逝世，故事仍在延续。
> ……电影《末代皇帝》版权之争、溥仪的《我的前半生》著作权官司、出版权官司以及《末代皇帝的后半生》著作权纠纷案、溥仪骨灰重迁入葬纷争乃至溥仪遗孀李淑贤遗产案、《末代皇帝最后一次婚姻解密》名誉权案等，

---

① 引自贾英华著《末代皇弟溥杰传》，人民文学出版社，2009年6月第二版。

无疑都成了轰动国内外的重大新闻……

这些,我或许将在其他书中再作述说。①

多年来的传记创作实践证明,采用预留悬念的结尾方式,不仅会引起读者的进一步兴趣,还可能在出版系列丛书时,起到较好的预先宣传效果和作用。

5. 首尾呼应的方式

这虽然是一种传统的结尾方式,却最不容易跑题,也往往能使整部书的内容前后照应。笔者在《末代皇妹韫龢》一书中,便采用了首尾呼应的结尾方式。在此书开头,笔者介绍了皇妹——爱新觉罗·韫龢的身世,还记述了三代醇亲王府的基本状况,包括其先祖道光皇帝以及其兄溥仪三次登基的传奇经历。

在此书结尾,笔者认为有必要介绍皇妹韫龢和后裔的现实生活状况,这也是一般读者想知道的。在记述韫龢于2002年2月16日凌晨两点病逝于家中之后,笔者扼要叙述了她的子女及其后代的现状:

如今,韫龢的大女儿英才和三女儿郑洁,均已英年早逝。二女儿郑爽前些年已从广东美术学院退休,在广州安享晚年。韫龢的独子大力,亦从华东师范大学教师的岗位上退休,与妻子共度美满的暮年时光。

"皇妹"韫龢的几个子女都先后有了下一代。英才的

---

① 引自贾英华著《末代皇帝的非常人生》,人民文学出版社,2012年9月第一版。

以首尾呼应方式结尾的《末代皇妹韫龢》

女儿小兵和儿子小强，以及郑洁的儿子小粟都已长大成人，参加了工作。小兵已婚，仍在业余体育学校担任田径教练。小强娶了贤惠的妻子，而且生下一个儿子。小粟已结婚，大力和郑爽的子女，也结婚有了下一代。

在平日的生活中，韫龢的子女和下一代几乎从不提及皇族的身世。人们从他们身上也无法察觉爱新觉罗家族昔日的显赫。正如她生前所希冀的那样，他们都成了自食其力的劳动者，也已融入普通百姓的人流之中。

或许，读者在街头偶然与陌不相识的他们擦肩而过，还可能见到，爱新觉罗后裔行走匆匆而忙碌的身影……[1]

6. 画龙点睛的方式

所谓画龙点睛的结尾方式，既可以用一句诗，也可以用一句精

---

[1] 引自贾英华著《末代皇妹韫龢》，人民文学出版社，2012年9月第一版。

练的话来概括。如果运用得好，可以为此书添彩，起到画龙点睛的作用。《任新民院士传记》一书结尾，便采用了一幅四个字的书法作品以画龙点睛：

> 任新民用业绩、贡献和实际行动展现了他刚毅顽强、奋斗拼搏、追逐航天的伟大品格，时至年迈仍始终如一，这正如一位书法家在赠给他的一个条幅中所称——"霜重色红"。

点睛之笔，不在字数多少，而在于凝练传神，能够恰当地提炼出传主毕生的精髓所在。这绝非一朝一夕之功所能达到的，而要靠平时的积累和不懈的探索。

7. 写景兼抒情的方式

写景兼抒情的方式，可借景生情，表达对传主的怀念之情。关键在于情景相融，切忌生拉硬拽。

在拙作《末代太监孙耀庭传》中，笔者介绍过为老太监孙耀庭撰题碑文之后，欣然描绘了一幅京城晚霞降临的如诗如画的美景，以景抒情作为结尾：

> 一片雪白的云，犹如碧海孤帆从遥远的天边缓缓飘来，渐渐融入渺渺天霁（际）。眨眼间，光芒四溅的阳光，幻化成锦缎似的橙黄色晚霞，交相映射着墓碑一角，聚焦成一个白灿灿的若有若无的强光亮点。似乎，历史凝固在了这一刻。

>苍云如海。残阳如血。①

此书以笔者为末代太监孙耀庭题写并书丹的碑文作为压轴,接着又以一段抒情的写景为最终结尾,力求用虚实结合的笔法,渲染这一"末代王朝"的最后一位特殊历史人物。鉴于笔者与传主相交数十年的忘年挚谊,起到了较好的效果。

8. 介绍在世传主的现状

应当说明,以介绍在世传主现状作为结尾方式,往往特指撰写在世人物的传记,因为传主现状仍是不少读者想了解的。《孙家栋院士传记》的结尾,这样写道:

> 如今,已步入84岁的孙家栋,仍然是会议不断,事务繁多,航天发展战略的研究、应用卫星的发展方向、航天技术对国家科技发展的牵引带动、多项重大科学技术评审、人才培养建设等许多问题都请他亲临现场,坐镇决策和指导。如今,孙家栋除了担任着三项航天应用卫星工程总设计师外,还担任着中国航天科技集团公司高级技术顾问、国家航天局高级技术顾问、国际宇航科学院院士、中国科学院院士、国际欧亚科学院院士。孙家栋每天要做的事情实在是太多了,但他依然按照自己的习惯,周到细致、严肃认真,不知疲倦地拼搏着。
>
> 孙家栋如同挂在太空中造福人类的人造卫星,不停地

---

① 引自贾英华著《末代太监孙耀庭传》,人民文学出版社,2009年6月第二版。

以介绍在世传主的现状结尾的《孙家栋院士传记》

运转,不停地向地球发送着信号,不停地默默为人类做奉献,在中国从航天大国走向航天强国的道路上继续着自己的不懈追求。

这部人物传记的结尾方式足可借鉴。稍嫌美中不足的是,结尾这两段内容,似乎套话稍多——诸如"周到细致、严肃认真,不知疲倦地拼搏着……不停地默默为人类做奉献……"。其实,对孙家栋院士担任偌多现任职务,可采用当页"加注"的方式,这样读起来会更顺畅一些。行文似可再精练一些,结尾效果会更好。

一部优秀传记的结尾,往往使作者延续了创作的生命。

[第十四章]
如何撰写历史人物传记

如何入手撰写一位素未谋面的历史人物,始终是传记作者面临的一道难题。

此处提出八种途径——竭力使历史人物"复活"于当下。

怎样评价存在分歧的历史人物?至少有三种方式可供选择。

力求真实还原历史人物的原貌,应当作为撰写人物传记的目标。而不应率意描写,更切忌随意编造离奇情节,哗众取宠。

撰写现当代人物与历史人物的本质区别，在于作者对古代人物已无法真实接触。

无疑，一位现当代人物传记，可以通过采访传主本人和所有接触过传主的人，同时调阅历史档案资料，在力求掌握所有资料的基础上再动手撰写。

然而，对一位素未谋面的历史人物，如何入笔去撰写其生平，这始终是传记作者面临的一道难题。在已出版的历史人物传记中，有的作品根本不被认可，有的却能够广为流传。这里不仅有写作技巧问题，更主要的是写作态度问题。

如何入手撰写历史人物传记，在此提出八种途径。

1. 传主所处的真实历史环境

首先应研究透彻所刻画的历史人物所处的真实历史环境，绝不能想当然。

对历史人物身处的大环境，包括政治、经济、军事、文化、社会民俗以及社会制度背景，务求十分清晰。这样自然对认定历史人物在此种背景下所发挥的作用及其评价，能够较为客观。

2. 传主的家谱和地方史志

对历史人物的家谱乃至州志、县志等地方史志，应力求尽览，以从中寻找这位人物最真切的背景史料。查找地方史志时，尤应先了解此地的别称及隶属变化。举例来说，北京历史别称——幽州、日下、燕京；西安古称长安、西京等。历史上记载这两地掌故的著述有许多，诸如《日下旧闻考》《顺天府志》《西京杂记》等。

作者若根本不知这些基本历史知识，便无从下手，更谈不到查找到珍贵的人物线索。如果此人系当地名门望族，可通过采访挖掘此人成长的关键线索，再深入挖掘，也可能刨出其深刻的思想根源和幕后的故事。

3. 传主的全部出版著述

倘若这位历史人物生前有出版著述，则须查找其全部著述，认真研读，务求对他一生的全貌及其内在思想有一个透彻了解。

（1）了解传主的最好方式，莫过于阅读其原著，因为这是最能体现其思想的第一手史料。其中有两点需要注意：

其一，如果能找到亲身接触过传主之人，那么，此人对于传主

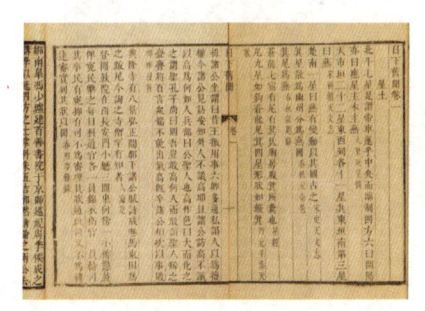

线装《日下旧闻考》　　　　　　线装《顺天府志》

原著的注释或解读，或可作为重要借鉴。

其二，如果发现其原著中有矛盾之处，则必须弄清楚原因以及思想发展过程，以便得出较客观的结论。

（2）有一部分史料容易被人忽略，即传主的遗稿或未曾公开发表的书稿或文章。前些年，笔者偶然见到一部清朝末年的诗稿——《余痴初稿》，笔者素知晚清有一位著名人物毓朗，号余痴，乃乾隆直系后人，在晚清历任步军统领、禁卫军大臣、军机大臣等要职。他不仅是中国警察的创始人，还是末代皇后婉容的姥爷。于是，笔者便买下了这部从未正式出版的诗稿，发现果然是毓朗自行印制的私家诗稿。

经仔细阅读，顿见其中不少颇有价值的史料，譬如，隆裕太后派毓朗赴东陵祭奠皇陵以及辛亥革命爆发后，他伫立于先皇陵墓前所发出的悲叹以及时代发生"沧桑变"的预言，使笔者收获颇丰。坦言之，传记作者如果博闻多识，便可能使传记资料"搜

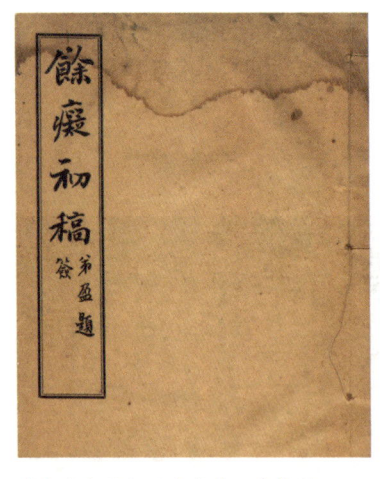

清朝末年毓朗贝勒所著私家诗稿——
《余痴初稿》（贾英华 收藏）

毓朗著《余痴初稿》中的一首诗

罗博泛"[①]。

4. 传主日记

　　传主日记无疑是最宜了解其真实思想和人生旅程的史料。作为史料，就一般而言，作者自传远不如他人撰写的年谱，年谱则不如原始日记，而有时，原始日记又不如原始档案——注意"有时"。也有人说，传记不如年谱。其实，他人撰写的传记远远不如自传价值高，即使是"矫情"的自传，以若干内容粉饰自己，也比第三者隔靴搔痒强得多。

　　如《曾国藩日记》——基于这位历史人物在晚清历史上的重要作用，它不仅被视为撰写其个人传记的优质素材，也是晚清史的一面镜子。再如，民国时期的《鲁迅日记》，基本反映了这位民国大学者的生存境遇，同时也反映了国民党统治时期的社会状况，显然是一部不可多得的以个人角度折射整个社会的"史鉴"。

　　也有的传主不善于写日记，只在日历上记"日志"，即为记事方便，随笔写下一些易忘之事，但传主认为这往往是最重要的"琐事"。更多的人，平常不擅写日记，只是在记事本上即兴写下提醒自己的"简记"。譬如，最后一代摄政王载沣，平时虽酷爱写日记，却也有时在日历上随手写下"简记"。当宣统皇帝逊位之后，他曾在自家的日历上，挥笔写下了一个"氓"字，甭看简单的这一个字，却暴露了其真实的内心——何为"氓"？即丧失了清朝政权的"亡民"。由此可见，载沣深藏于心且念念不忘的仍是那个早已消亡且腐朽的晚清政权。

---

① 此即溥杰语。

若细致研究起来，这种写在日历上的简约纪事，颇有价值，时常在其他记载不全的情况下，起到重要的佐证作用。尤其是在研究重要政治历史人物时，亦绝不应忽视。

然而，对日记也需认真鉴别其记载的动机。譬如，溥仪晚年所写下的日记，有些是为了让组织看后放心。毫无疑问，他借鉴了公开出版的《雷锋日记》，想到有朝一日可能发表，自己写下的内容可能被别人看到，所以，在封面印有《雷锋日记》的日记本上，亲笔写下了不少"感恩"的话，还频频抄录伟人语录，甚至写下不少拥护"文化大革命"，以及"万岁！万万岁！"之类的口号。

然而，从其遗孀李淑贤所追忆的真实情况来看，溥仪对于"文革"始终是不理解的，尤其是当他听到廖沫沙也受到批斗，全国政协的同事黄绍竑[①]愤而自杀，他的心情是极为复杂的。越到此时，他在日记中越是写"拥护"的话多。稍加分析，便可以得出结论，溥仪历经晚清以来多次生死抉择，变得"聪明"起来，懂得了如何掩饰内心以及保护自己。

所以，如果单纯地看传主日记的记载，便无法直观地读懂溥仪这位历史人物。但如果再从其亲属及遗孀的回忆当中，详加对比，便可以发现他真正的内心世界——并非像一般人认为的那么简单，而是有着复杂的内在思维。

鉴于历史人物的复杂性，要从日记中直观地了解一个人，并非易事，需要对传主的日记详加分析，才能得出较为客观的结论。譬

[①] 黄绍竑（1895—1966），系国民党将军，曾任广西省、浙江省、湖北省主席及内政部长等职，被称为"新桂系三杰"之一。新中国成立后，任全国政协文史专员、全国政协委员。

如，翁同龢[1]在晚清末年所记载的50年日记，俨然以资料丰富、包罗万象而居晚清四大日记之一。2011年，中华书局出版了其五世孙、90岁高龄的翁万戈先生偕其侄翁以钧先生首次以翁同龢手稿整理点校的新版《翁同龢日记》。

对于这部新版《翁同龢日记》，众说不一。2013年4月12日，翁以钧先生做客孔夫子旧书网，与书友交流整理点校《翁同龢日记》心得。访谈当中，一位书友发问：翁同龢无疑是晚清的复杂人物，誉者认为人杰，毁者认为误国殃民。六十年间事，凄凉到盖棺。翁同龢晚年删改日记，是避祸还是悔恨，还是另有其他原因？

孰料，翁以钧的回答，极为直率：翁同龢自己删改日记的原因是避祸。对于翁同龢的评价问题，作为翁氏后人不好去评。我想盖棺一百一十年了，评论了百余年。我的看法：他是一位爱国忠君、清廉勤奋的政治家，晚清杰出的书法家，经验丰富的鉴赏家。思想上偏保守。至于张说好，李说坏，那就让史实来说话。"据说""听说"一类的事上不了史书。要分清"史"和"戏"说，历史小说绝不是历史。[2]

无独有偶。当代著名历史学家郭沫若也曾在晚年亲笔修改了自己的日记。一位文学院副教授孟桂兰曾以宽容的态度对此评述说：

"对于才华横溢的郭沫若，五四时个性张扬的郭沫若来说，他在后来的自传中表现出来的'我'，异乎寻常地缺少个性，他甚至

---

[1] 翁同龢（1830—1904），号叔平，晚号松禅、瓶庵居士。江苏常熟人，晚清政治人物。曾任户部尚书、工部尚书、军机大臣兼总理各国事务衙门大臣。亦曾任同治帝和光绪帝两代帝师。

[2] 此内容参考孔夫子旧书网所载翁以钧访谈录。

会根据时代的需要，遵从社会主导意识形态的要求改变自己当初的记事。郭沫若晚年时甚至动手修改日记，日记是自传的主矿源，是作者心灵的适时展露。透过他的这些举动，我们可以看到在外力的作用下所采取的生存策略，并由此折射出他的心态和个性上的裂痕。他力图成为一个时代的样本，类同于众人，这也是郭沫若的无奈吧。"[1]

5. 传主的原始历史档案

对于传主的原始历史档案，甚至私人档案、私人信札，包括清代官方档案乃至数十年前的"敌伪档案"，都需仔细认真地查看，以便从中找出难以寻觅的传主线索。例如，笔者在撰写《末代皇帝最后一次婚姻解密》时，千方百计寻找到收藏于北京市一家医院的溥仪最后一位妻子李淑贤的原始档案，并分析了溥仪日记原稿以及笔者收藏的溥仪9封亲笔信札。

通过核对这些原始史料，笔者了解到李淑贤与溥仪交往的准确日期，也弄清楚了李淑贤当时的具体生活窘况；通过核对笔者亲笔整理的李淑贤回忆溥仪后半生史料，并经多方采访，大体复原了溥仪最后一次婚姻的幕后故事。显然，以上这些"发现"若没有原始档案，是无法印证的。

6. 传主的年谱

一般说来，年谱的定稿或正式出版的现当代人物年谱，大多经

---

[1] 引自孟桂兰《中国现当代自传建构中"我"的不同形态——兼谈中国现当代自传类型》，中国青年出版社，2012年10月第一版。

过他人或本人的详细考证，尤其是对于重要日期和传主所经历的重大事件，颇具重要的参考价值，这是不应遗漏的。

还有一些传主的年谱，经过多人集体考证，或经过传主亲自辨识和确认，尤其对于有争议的历史内容，更加具有不可替代的参考价值。

7. 传主的自传

无论自传撰写得是否文过饰非，都能从中窥见传主的真实思想路径。即使不是传主亲自动笔撰写的自传，哪怕属于口授作品，若仔细研究，都不排除这是可能切入传主内心世界的第一手史料。譬如《胡适口述自传》，仍不失一份重要的历史资料。难能可贵的是，对于郭沫若撰写的自传，有关学者结合他的生平作了解读分析：

"郭沫若的一生充满着变化，从一个时代到另一个时代，他总

郭沫若（左一）祝贺齐白石（左二）获国际和平奖

能合着时代的节拍。他的人生因为曾经的革命生涯、政治生涯而辉煌,但郭沫若的大部分自传体现出来的这种与社会时代变化紧密结合的描述方式,缺乏自我省察精神的中国式自传却一直是他的重要特征。他执笔写自传时,就强调了自己并不想学奥古斯丁和卢梭要表述什么忏悔,也不是想学歌德和托尔斯泰要描写什么天才,他要写的是普通人、平凡人的记录,他要把自己隐藏在平凡人的队伍里,行走在历史的行列中。这样就可以'没有什么忏悔',也不必承担什么责任,因为'少年人的生活自己是不能负责的'。这也正是他在类同于众人的自传中自我评价的目的。"①

8. 与传主有关的书信

书信即信札,在人物传记撰写中有着不可替代的重要史料作用,更是独具收藏魅力。"烽火连三月,家书抵万金",与传主密切相关的书信,尤其在从前没有现代传送信息手段,而作为唯一远距离的交流方式,其价值自不言而喻。一封信札,也许反映的就是一段珍贵历史。

在撰写古代人物传记中,书信是了解传主的一个非常重要的途径。在古代通信欠发达的历史条件下,人们除捎带口信外,书信往来成为彼此沟通的唯一方式,无疑是了解传主真实状况的重要心灵窗口。

一般说来,除特殊情况,书信往来极少有出现虚假信息的可能性,尤其是家书,更是亲情真情的真实体现。笔者收藏了一部民国

---

① 引自孟桂兰《中国现当代自传建构中"我"的不同形态——兼谈中国现当代自传类型》,中国青年出版社,2012年10月第一版。

溥仪九封亲笔信札（贾英华 收藏）

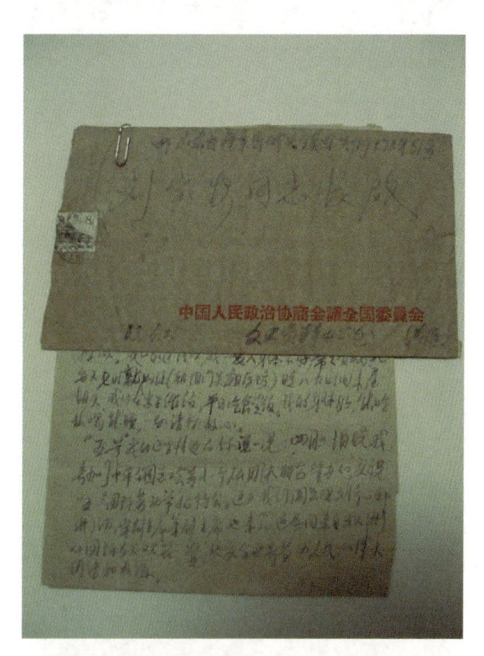

溥仪写给刘保安的实寄封
（贾英华 收藏）

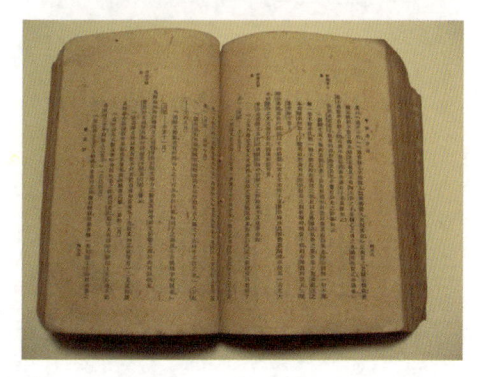

民国原版《曾国藩评传》
（贾英华 收藏）

版的《曾国藩评传》，内中引证了曾国藩日记中的不少内容和家书，可以借之近距离洞悉曾国藩在清末那个历史时期的复杂心境，有助于真正了解其人。

在披露光绪皇帝之死真相的众多图书中，当初未能正式出版的溥仪的《我的前半生》未定稿里，首先提出了光绪之死是"他杀"的结论。只因醇亲王家族素与袁世凯心存仇恨情绪，使人误以为"他杀"是溥仪的偏论。

溥仪在这本书后附录了内务府大臣增崇在光绪驾崩前所写的一封家书，证实光绪生前身体仍很不错，死前两天还站着说话，声音洪亮云云。这封家书在当时并未引起足够注意，直到一百多年后，现代科学证明光绪系被人毒害，才引起历史学家的重视，而被视为光绪被害的佐证之一。可见，家书的真实性和重要性。

对于传主来说，并非其本人的书信才有价值，凡与传主有关的书信，都有历史价值，绝不应该被忽视。①

---

① 此节部分观点，参考史飞翔《人物研究的几个途径》，《中国人物周刊》2012年创刊号。

[第十五章]

如何评价历史人物和现当代人物

客观、全面、发展地评价人物，而非静止或脸谱化。

有人问起地产大亨王石：你最尊敬的企业家是谁？答案出乎意料，竟是一个曾跌倒而且跌得很惨的老人。

巴顿将军衡量一个人的成功标志：不只看他登临峰顶的高度，更应看他跌落到谷底的反弹力。

如何评价历史人物和现当代人物，是一个严肃和细致的问题。人物评价有"尺码"，也可以视作人物传记的"点睛"之笔。

首先，要判断是正面人物还是反面人物，或是两者兼而有之的"中间人物"。过去曾一度出现过非此即彼，即不是好人便是坏人的评判标准，这样极易使人物"脸谱化"，将人物的评价绝对化。世间万物千差万别，正确评价历史人物和现当代人物，准确地落下评价之笔，绝非易事。

一
慎重评价历史人物和现当代人物

1. 客观公正地评价历史人物

客观公正地评价历史人物，绝不能仅看他的一时一事，而要历史地全面地看待其毕生的所作所为，以作出历史唯物主义的评价。

首先，要看传主在重大问题上的态度。如果他是一位政治家，除了观其在国家和民族存亡上的态度和行动，还要看其主张了哪些利国利民的思想和纲领，提出了哪些推动民主与法制进步的举措，又付诸了哪些行动，是不是得到了广大人民的拥护。尤其在面临民族存亡的大是大非问题上，是如何处理的。

其次，要把传主放在历史的长河中去评价。看他在历史前进中占有何种地位，是推动历史进步还是逆历史潮流而动，做过什么有益于人民的事。对于领袖人物或重要政治人物的评价，需审慎地提出自己的看法，但评价一般宜以历史定论为准，除非出现了新史料佐证，足以推翻过去的历史结论。

2．全面地评价历史人物

全面评价历史人物，既不能过低，也不能过高。还要注意对其评价不能模棱两可，否则便失去了评价的意义。

如果他是一位科学家，要把其放入人类科技发展的长河当中去评价，观其在推动科技进步中起到了什么样的作用，在全球科技发展中处于什么样的地位；如果他是一位知识分子，要看其究竟创造了什么精神财富，是否推动了人类文明进步；如果他是一位普通劳动者，要看其做了哪些殊于常人而又有利于社会和民众的举动，老百姓是否普遍赞同；如果他是一位文化工作者，主要看其是否推动人类文明前行，以及在历史文化中的地位和作用。

3．绝不可一成不变地拘泥于以前的结论

对于人物评价，绝不可一成不变地拘泥于以前的结论。这不仅要依据第一手史料，更要注意发掘新的史料。如，1966年，"文化大革命"开始后，国家主席刘少奇受到错误的批判，并遭到林彪、江青集团的政治陷害和人身摧残，于1969年11月12日病逝。

1980年2月，中共十一届五中全会作出专门决议，恢复刘少奇的全部名誉，称其为伟大的马克思主义者，伟大的无产阶级革命家、政治家、理论家，党和国家主要领导人之一，中华人民共和国

开国元勋，是以毛泽东同志为核心的党的第一代中央领导集体的重要成员。[①]这个新中国成立后的最大冤案最终被彻底平反。

发人深省的是，刘少奇在被打倒之前，曾自信地预言：好在历史是人民写的。事实证明，这个论断是正确的。

确切地说，人民无法亲笔书写历史，只能由代表人民的历史学家或传记作家来撰写。所以，从这个意义上来说，具有良知的历史学家和传记作家任重而道远。

4．客观地看待现当代人物

人无完人。不能因为传主存在这样或那样的问题，便轻易全盘否定，更不能千篇一律，将其写成脸谱化的人物，而要辩证地看待一个人。对于正面人物，也不可一味拔高，切勿闹出"高大全"式的笑话。

对于犯过错误的人物，对其看法也绝不能一成不变。前几年，有人问起房地产大亨王石："你最尊敬的企业家是谁?"王石沉思了一下，说出的这个人，不是巴菲特、比尔·盖茨、李嘉诚，而是一个曾经"跌得很惨"的老人——褚时健。

1928年，褚时健出生于广西一个普通农民家庭，31岁被打成"右派"，携妻女下放农场劳动改造。51岁，褚时健出任玉溪卷烟

[①] 中共十一届五中全会决议："经过严肃认真的讨论，一致通过这个决议，决定撤销党的八届十二中全会强加给刘少奇同志的'叛徒、内奸、工贼'的罪名和把刘少奇同志'永远开除出党，撤销其党内外的一切职务'的错误决议，撤销原审查报告，恢复刘少奇同志作为伟大的马克思主义者和无产阶级革命家、党和国家的主要领导人之一的名誉；在适当时间为刘少奇同志举行追悼会；因刘少奇同志问题受株连造成的冤假错案，由有关部门予以平反。"

厂厂长，那仅是一家濒临倒闭的小烟厂，历经18年奋斗，他竟把玉溪卷烟厂打造成亚洲最大的卷烟厂——红塔山集团，先后为国家纳税近千亿元。孰料，1999年，年过七旬的褚时健，却因经济问题被判无期徒刑。妻女入狱，女儿在狱中自杀身亡。

三年后，褚时健因身患糖尿病，几次突然晕倒于狱中，遂被保外就医。几个月后，他出人意料地承包了几千亩荒地，开始种植冰糖脐橙。他成天穿着旧汗衫，挥汗奔走在荒山野地里。81岁那年，他亲手种植的脐橙畅销北京、上海、深圳等大城市。此时的他又已身家过亿。[①]为此，王石在微博中感慨道：

"巴顿将军曾经说过：衡量一个人的成功标志，不只看他登临峰顶的高度，更应看他跌落到谷底的反弹力。"

二
撰写人物传记需把握的几条原则

多年来，通过撰写历史人物及现当代人物，笔者深切地感到，撰写人物传记，需要把握以下原则。

1. 客观公正，实事求是

既要把传主放入整个历史当中去考量，还要把他置身于当时的

---

① 部分内容参阅《中国传记杂志》2014年第3期。

特定历史环境中去评价。在掌握第一手史料的前提下，要弄清楚传主在历史过程中究竟起到了什么作用，或者在他所从事的领域中占有什么样的地位。对此，既不能夸大，也不能缩小，要客观公正，实事求是。

例如，对一位领导人当年是否参加过遵义会议，各类记载始终不一。1966年，在"文化大革命"中，贵州省遵义市造反派联络外地学生，诬蔑这位领导人篡改历史硬将自己塞进遵义会议……此后，他的名字在遵义会议的说明牌上被打上黑×，上面的照片也被摘掉。直到1984年9月，中共中央党史资料征集委员会公布了《关于遵义政治局扩大会议若干情况的调查》，才将这位领导人以中央秘书长身份参加遵义会议的情况弄清楚：

（1）这位领导人在过去填写的履历表中，对此期间的职务一直填写的是中央秘书长。另一位领导人回忆说，遵义会议时他是中央秘书长，这一点"我完全可以证明"。

（2）国家有关部门在1984年，为英国《简明不列颠百科全书》撰写我国领导的传略条目时，曾就此问题请示过这位领导本人，他说自己1934年年底开始任党中央秘书长。

此外，1984年10月26日，另一位领导人回答美国著名作家哈里森·索尔兹伯里就这位领导人参加遵义会议任职的提问时说：我问过××，他说这位领导人参加了，当时担任会议记录，他是党中央秘书长。1984年，哈里森·索尔兹伯里访问刘英[①]。刘英说，遵

[①] 刘英（1905—2002），湖南长沙人，原名郑杰，中共早期领导人张闻天的夫人。曾参加长征，任中共中央秘书处处长等。新中国成立之后，先后当选第二、七、八、十四、十五次全国代表大会代表，中纪委委员、第五届全国政协常委。

义会议后不久，这位领导人被派往作战部队，中央秘书长的工作由我接替①。从这里可以清楚地看到，对于这位领导人当年是否参加过遵义会议问题，几经核实才正式写入历史文献。

对于传主的评价，切忌极端，更绝不可以想当然。既不要拘泥于一时一事，而又要力求真实客观，经得起历史的检验。这是一部传记是否成功的主要标志。

譬如，对彭德怀等领导人的评价，历史上也曾有过重大反复。

众所周知，彭德怀是中国十大元帅之一，是中国共产党、中华人民共和国与中国人民解放军的卓越领导人。早在红军时期，一代伟人便曾写诗赞扬彭德怀："山高路远坑深，大军纵横驰奔。谁敢横刀立马？唯我彭大将军。"

新中国成立后，彭德怀任中央人民政府委员、人民革命军事委员会副主席，抗美援朝中曾出任中国人民志愿军司令员兼政治委员，率志愿军把以美国为首的"联合国军"赶回"三八线"，接受停战谈判。1959年7月，彭德怀在中共中央政治局扩大会议——庐山会议期间，直接写信给伟人，对"大跃进"和人民公社运动的错误提出批评。在中共八届八中全会上，彭德怀被定为"右倾机会主义反党集团"的首领，免去国防部部长等职务。"文革"中，彭德怀惨遭诬陷和迫害，于1974年11月29日在北京含冤去世。

1978年12月，中共十一届三中全会为彭德怀平反昭雪，恢复名誉。同年12月24日，中共中央在北京人民大会堂为彭德怀和陶铸同志举行了隆重的追悼大会，邓小平亲致悼词。

---

① 引自中国共产党新闻网：宫力、周敬青、张曙著《一位领导人是否参加遵义会议引起的一场风波》。

显然，对于诸如此类的历史人物传记，须客观、实事求是地撰写。

2. 真实还原历史

无论传主的经历复杂与否，对其各个阶段的历程，都要如实撰写，如果有些问题尚未有历史结论，也可以把复杂历史情况原原本本地写出来，留待后人去评价。

倘若有几种不同的说法，历史又无结论，可以把几种不同的说法，客观地撰写出来，让读者或历史去作结论。力求不把自己的主观认识强加于历史或传主。也许将传主客观地置身于复杂的历史之中，恰是这位历史人物的出彩之处。

3. 盖棺未必论定

极而言之，即使是写入党章的结论或"盖棺论定"的悼词，也有事后翻账的可能性。当时评价很高，到后来也可能出现重大反复。

譬如，康生曾担任中共中央副主席、全国人大常委会副委员长等党和国家的重要职务。在革命战争年代，他长期领导中共秘密战线工作，1975年12月16日，康生在北京病逝。中共中央当时发布的讣告，称他为"中国共产党的优秀党员，是中国人民的伟大的革命战士和马克思主义理论家，是党和国家卓越的领导人之一"。

时隔不过五年，在1980年10月召开的中共十一届五中全会上，中共中央根据中央纪律检查委员会发布《关于康生、谢富治问题的两个审查报告》，推翻了盖棺论定，将他开除党籍、撤销"悼词"，其骨灰被迁出八宝山革命公墓。

对重要历史人物的结论，作者目前只能依据党和国家的结论性文件，如有改变，也只能依据改变的文件来变化，而不能仅凭本人臆断。功过分明——功是功，过是过，既要防止过分的溢美之词，又要避免偏激的全盘否定。力求以宽容记史的态度，客观地撰写传主的生平。

需要特别强调的是，对现当代重要政治人物进行评价，应持审慎态度。稍有不慎便可能引发社会反响，甚至造成社会动荡。所以，必须慎之又慎。

三
如何评价存在争议的人物

在撰写人物传记过程中，对存在争议的人物的评价，既不应回避也无法回避，务必慎重。大体有以下几种处理方式。

其一，把多种史料中的不同观点，统一列举出来。将能站得住的重要观点作为结论，但也要留有余地。

其二，详细分析多种不同观点，并列出最有说服力的史料，提出一种倾向性观点。对尚无正式文件定论且已逝世的现当代人物，宜以讣告结论作为评价依据。

其三，对一时难以定论的历史人物，不能轻易下最后结论，可暂时存疑，对不同观点逐一分析，将较为客观的两三种观点记录在案，留待后人研究评价。

[第十六章]
怎样续修家谱

家谱，焉能不算人物传记范畴？怎样续修，须悟得其中三昧

确切而言，家谱不能"编写"，只能"续"或"修"。

如何续修卷帙浩繁的家谱？须掌握三把"金钥匙"。

续修家谱，须以"真实可靠"溯源为原则。欲续修完善，应理清家族来龙去脉，查找到原始档案史料，把握家谱的体例和格式及序、凡例。体现为国存史、为民立传的主旨。

从广义上来说,家谱无疑是人物传记的重要内容,也是人物传记必不可少的史料来源。缘因家谱所记载的,必定是家族历代的重要人物。进而言之,这也往往是被传记作者所忽略的人物传记体例之一①。

家谱溯源

1. 家谱肇始

中国的家谱,古代旧称谱牒,通常又被人们称为宗谱、祖谱、族谱、家乘、家牒等。它是以文字及表谱形式,记载父系血缘关系为主体的世代相袭的家族传承及世系繁衍、族人迁徙脉络,且以历代人物和事件为中心的特殊文献。若探讨如何撰写人物传记,自然无法避离家谱。

---

① 著名史学家顾颉刚曾指出:"我国史学领域有尚待开发的两个大金矿,即地方志和族谱。"

始溯家谱的起源,则要从原始部落说起。中国人的祖先,最初分别聚集并群居于黄帝和后稷等部落,"姬""周"等姓氏是其血缘标志。譬如笔者的"贾"姓,最早便源自"姬"姓——周文王后裔被分封贾国,由此形成贾姓肇始。部落内部,往往按照血缘关系细分为众多家族,对于婚丧嫁娶、财产继承等重大事项,尤其对部落首领地位的传承,无不依照世系及血缘远近考虑。

家谱若溯至西周,其社会组织基本是"同姓从宗,合族属"的血缘群体及宗法制度,确立"宗"——嫡长子继承制,使其成为法定继承人。为巩固其统治秩序,与之相适应的尊祖敬宗、明嫡庶、别亲疏的家谱,随之应运而生。

自古以来,续修家谱历来被视为重要的家国大事,旨在巩固、维护家族秩序。最初家谱的内容,据说往往由部族首领口头诵传。当文字出现之后,则由专人记录在部族的史册,尔后逐渐以记载帝王、诸侯世系演变,形成了最早的家谱雏形。

2. 家谱的形成

尽管家谱雏形出现很早,但确切记载,却大多是从西周末年周王室分离后形成的。据考,最初各诸侯国按照《周礼》,分别设置史官,主要记录国君、诸侯的世系传承——"定系世,辨昭穆"[①]。中国系统的家谱渊源,最早可追溯至此。

汉初问世的《世本》,简略记录了从黄帝至春秋时期,诸侯大夫的姓氏、世系、迁居和名号等,被视为家谱的开山之卷。而真正

---

① 定系世,指谱牒对于世系传承的记载。辨昭穆,系指宗庙牌位次序:始祖居中,左为昭,右为穆,即父、子顺序排位。

意义上的系统家谱,形成于魏晋时期。南朝时,《百家谱》《十八州谱》等家谱相继刊行于世,记载了众多姓氏。从中不难发现,南北朝各宗族大姓,大多已形成续修家谱之风。家谱犹如浓缩的国史,乃是家族追溯血缘源流的依据。家谱一般由家族掌门人续修,渐渐形成了独特的家谱即谱牒。至此,家谱文化已初具规模并趋于规范。

3. 续修家谱的传承

中国家谱文化流行于盛唐。彼时,唐太宗令诸儒撰《氏族志》一百卷,重新排定姓氏等级,唐宪宗曾钦定《元和姓纂》,武则天改《氏族志》为《姓氏录》,共收录235种姓氏。此外,还有大文学家欧阳修执笔编修《新唐书·宰相世系表》。由于国家提倡修谱,官修家谱和私修家谱风行一时,遂有《贞观氏族志》《姓族系录》《新集天下姓望氏族谱》等家谱传世,从中不难窥见当时修撰

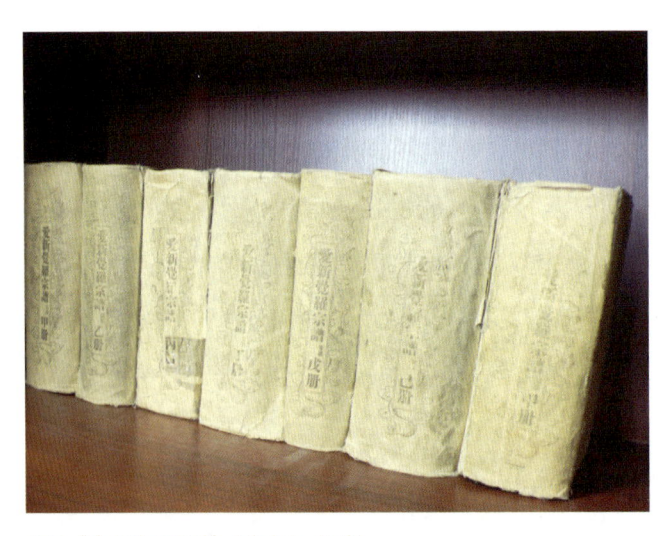

原版《爱新觉罗宗谱》(贾英华 收藏)

家谱的盛况。

宋朝自郑樵著《氏族略》问世，家谱文化臻于成熟。乃至明清时期，私家修谱仍尤为盛行。当时各宗族大姓流行重修或续修家谱，使之成为家族重要活动之一。清代家谱文化获更大发展，其标志便是雍正皇帝亲颁《圣谕广训》，倡导"修族谱，以联疏远"，各地宗族闻风仿效。清朝同治年间举人郑维藩所撰《族谱序》，从追祖探源、尊祖敬宗的角度，进一步阐明了纂修家谱的意义。民国期间，虽军阀混战不已，但各宗族为维护其各自利益，修谱之风仍盛行不衰。

尤应提及，唯皇帝家谱（宗谱）被称之"玉牒"。笔者早年收藏了一套珍贵的原版《爱新觉罗宗谱》[①]，印制精美，字迹清晰，具有较高历史价值和文物价值。此乃溥仪亲自遴选收藏且传承有序。这部宗谱，是由溥仪所立"皇子"毓嵒，亲手上缴抚顺战犯管理所，此后又由战犯管理所上交公安部。夹在宗谱内至今仍完好地保存着的毓嵒亲笔所写的纸条，上面写明是"1958.11.23"上交[②]，谱内还盖有公安部图书馆1950年代的收藏印章。这或可作为了解清皇室血缘延续及续修家谱的原始借鉴。

新中国成立之后，修谱之风一度减弱甚至绝迹。直到20世纪80年代，改革开放以来，全国各地续修家谱活动日趋活跃，如四川、湖北、安徽等地相继涌现不少续修家谱的民间机构。此时，续修家谱被赋予崭新意义，已成为联络乡情和家族、招商引资及促进

---

① 《爱新觉罗宗谱》是一部皇家族谱。1938年印行的是溥仪在伪满主持出版的皇族家谱，全部采用铅字排印，封面烫金精装8大册。其中删除了"家训"以及科举、传记、墓图、著述等内容，共收录清朝历代皇族人物82297人。
② 即1958年11月23日上交。

经济发展的重要方式。

在新时代,续修家谱须进一步明确历史意义所在。近年,笔者曾应邀为一家续修家谱的机构题词,阐述了续修家谱宗旨之我见:

> 家谱载历史,为民纪传;
> 宗族承国运,永续春秋。

实际上,这或许体现了续修家谱的主旨"为国存史,为民立传",为中华复兴,传承并发扬家谱文化。

二
续修家谱的原则

自古以来,家谱在中国历史传承与发展中,颇具重要作用,延续着数千年中华文明的深层人文结构,甚至比个别所谓"正史"更具"存史"意义。同时,家谱也是古人在历代纷繁的战乱中,如何认祖归宗——"明世次,别亲疏"的文本,更关键的是家族袭承和财产分配的重要依据。

显然,家谱在历代宗族社会更迭过程中,占据重要历史地位。历来,全国各地尤其名门望族大多存有家谱,而由于历代战争等原因,许多珍贵的家谱受到不同程度损坏。

一般说来,各地续修家谱存在两种不同情况,即已有家谱的和从未修过家谱的。确切地说，家谱的"续"与"修"，是完全不同的概念。原本有家谱的，"续"，指接续而补充未写入家谱者。"修"，则指修正家谱中不确的内容并修补完善之意。从未修过家谱的家族，续修难度较大，须找到本姓家族最古老的典籍或文字依据，再在各种原始档案及各地的地方志中，溯源历代本家族，才宜纳入家谱。

在续修家谱过程中，必须以"真实可靠"为主要原则。同时，妥善处理以下四个问题：

1. 首先设法找到历史上最古老的家谱

在此基础上，加以续修完善。修谱时，当不同时期的家谱出现矛盾之处，应以最早的家谱为准。如此才能真正洞悉家族的来龙去脉，理清历代直系成员的血缘关系，续补离乱中遗散的历代先贤，又力求不遗漏地续写家族新一辈的子嗣后裔。切忌主观判定而妄自"编写"。

2. 查找确凿可靠的原始档案史料

在追溯历史最古老家谱的基础上，查找相关中枢原始档案及地方档案，尤应注重搜集省及省级以下地方志的记载，互为佐证，务求真实可靠。

同时，要十分留意历史上各州、府、县等地域划分的沿革和变迁，从中续补以往家谱遗漏的重要家族成员。

3. 新撰家谱尤应注意的问题

笔者曾遇到过已致富者前来咨询如何新建家谱，欲将同姓历史名人奉为先祖。笔者以玩笑的口吻答复：倘以《三国演义》中的名将姓氏建谱——《三国志》等史书并无虚构的三国名将的任何记载——只能沦为笑柄。

还听说，有人欲以二十四史或二十五史为史料依据新建家谱，这样也极易出现常识性错误。因为史书记载也未必完全准确。目前便已发现二十四史中的元史，存在明显人名重复等讹误。二十五史中的《清史稿》，囿于编撰者金梁另外刊行了"关外版"，其中不免夹带私货，更是错讹不少。若无历史考据功底，极易被误导。这是必须提醒的，否则，家谱便成了"没谱儿"。

4. 历代官修家谱与私修家谱，具有明显区别

所谓私修，系指民间修谱。当私家修谱与历代官方修谱的内容发生矛盾时，一般宜以官方修订的宗谱为准。除非拿出公认且过硬的第一手档案史料，否则，不能轻易否定官方修订的家谱。

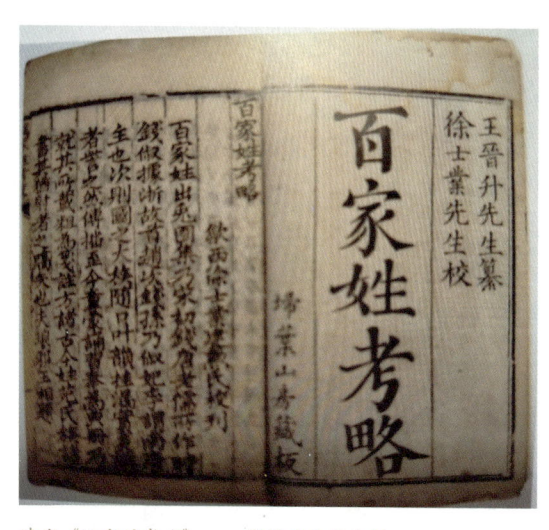

清代《百家姓考略》——家谱的重要史料

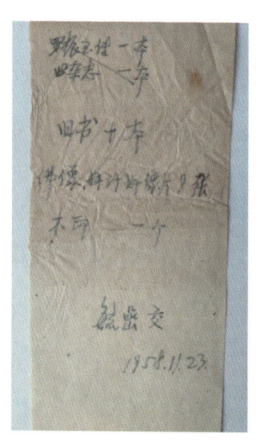

"皇子"毓嵒夫在皇族宗谱内上交抚顺战犯管理所的手写便条（贾英华 收藏）

5. 依照国家有关法律法规，及时修改家规、族规

倡导与时俱进，删除不合时宜的旧乡俗和陋习。嗣后，亦应依照国家有关法律法规，定期续修完善。

三
续修家谱的三个关键内容

客观续修家谱，确实存在如何"扬弃"的问题。家谱学，实际是一门综合学科，不仅涉及历史学、社会学，还涉及谱牒学、人文、地理等诸多学科。续修重要的家谱，切不可认为同姓即同宗，

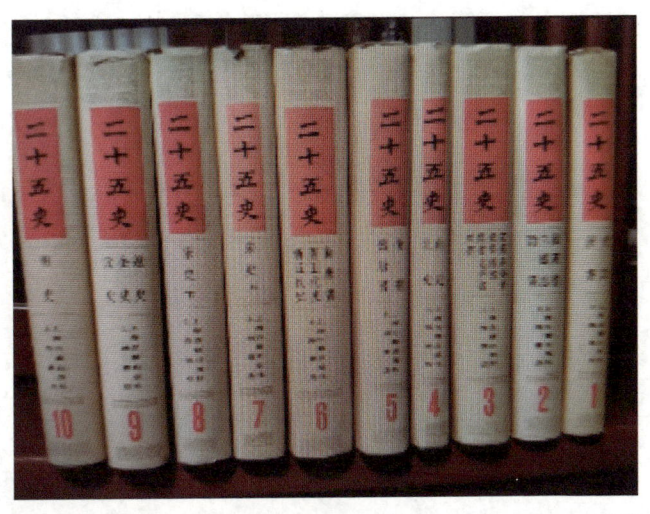

《二十五史》初版（贾英华 收藏）

宜邀请历史学者或有关专家参与或执笔，以免误入"盲区"而陷入尴尬的境地。这里，强调续修家谱的三个关键内容，即"三把金钥匙"，谨防"续修"误入歧途。

1. 家谱的体例和格式

各地不同历史时期续修家谱，无论官修或私修家谱，大多都已形成参差不一的谱例——体例和格式。所以，续修前要研究制定统一的家谱体例和格式。其中，序文、跋语、凡例、目录、世系、源流、传记、先世考、家规等内容达十几项之多，最为常见并保留下来的是序文、世系、源流、传记等内容。

续修家谱内容，最重要的是"世系图录"。对于以往由旧式图表及文字表述的世系及源流，应当按照"古简近繁"的原则，统一体例和格式，以避免出现图表大小不一或文字长短差别过大等问题。

对于家谱新续补者的文字表述，宜设文字篇幅的大致要求、以免差距过大，诱发家族矛盾。

另外，要明确续修家谱的规范管理制度，防止混淆或搅乱辈分。

2. 如何撰写家谱的序言

一部家谱，序言自然是不可缺少的重要部分，也是家谱的重要简介。通过阅读家谱序言，往往便可以了解整个家谱内容、编修来源以及家谱的重要人物。

家谱的序言，一般放置在家谱首篇。为家谱作的序，显然与其他书序截然不同。凡续写家谱序言，大多邀本家族的名人撰写，也有邀请族外的社会贤达来捉刀的。撰写家谱的序言，无论篇幅长短，均要求追祖探源，以真实可靠为要旨。一般主要包括以下内容：

一是，开宗明义，明确此谱是总家谱还是地域性支谱。否则，难以准确动笔续修。

溯源先祖的历史依据，务求论述清晰。引经据典的出处，也应经得起考证。若题序者在家族或社会上颇具影响，无妨以加注的方式作一简介。

二是，力求叙述清楚此次续修家谱的必要性。简明扼要地概述家族现状，使家族成员彼此保持联系，体现"尊祖敬宗""敦睦亲族"的续修主旨。

三是，写清楚哪些人对于修谱作出过贡献。还要具体明确哪些人曾为续修家谱提供过历史资料，哪些人提供了经费，以及具体由谁执笔等。修谱结尾，切勿遗忘注明续修家谱的具体日期，以备后人溯查。

四是，家谱的落款。在序言中要写清楚续修家谱者，乃本族建谱以来多少代世孙。家族无旧家谱者，在战乱年代遗失居多，宜到当地档案馆查找原始家谱，以便寻根问祖、认祖归宗。

3. 关于撰写凡例

一是，凡例可繁可简，但绝不可没有。缘因家谱大多非单独一人续修而成，续修家谱亦非一日之功，需制定家谱的整体框架和续修原则，使其有章可循。

对于家谱而言，凡例具有重要的规范性作用，不仅规定续修家谱的原则及纳入家谱的范畴，还须确定家谱的世系层次及支谱补修的程序和体例，以及经费筹措等事项。

二是，对于一些例外事项，如个别人违犯族规且家谱中如何除名，凡例亦应有明确规定。对于家族中非血缘关系，如过继或领养子女等例外事宜，也宜依法制定明确的程序。

三是，制定凡例，无疑有助于查阅浩如烟海的历代家谱史料，还可建立网络云端储存方式，便于快速检索。统一家谱的图文和排版格式，使其进一步规范化。其中不可缺少的，须标明家谱的历史起止节点和具体时间。

四是，在凡例中，务必对于家谱的史料来源以及考据过程提出明确要求。否则，便成了无本之木。凡例的文字力求简洁精练，切忌繁琐的赘述。

执笔者动笔之前，务必研究透彻家谱的体例和格式、序言及凡例，掌握续修家谱的三把"金钥匙"，防止修谱过程中跑偏或走岔路。

[第十七章]

区别人物传记的不同体裁

可千万别写歪了——传记与评传确有区别。

传记文学和传记小说,也不是一码事儿。

初入门者,务必当心。

提到人物传记体裁,不能不说到传记与评传以及传记文学和传记小说的区别。否则,难免贻笑大方。

近年来，关于人物评传的文体有较快的发展，先后涌现出一批此类图书。

一 传记与评传的区别

首先须明确，人物传记与人物评传这两种体裁究竟有何不同。笔者认为：

前者以记述人物的真实事迹为主，称之为"人物传记"。

后者在前者的基础上，往往伴以夹叙夹议，以对人物评价为主，称之为"人物评传"。人物评传以对人物的系统评价为"眼"，并侧重于此。这是人物评传最重要的特点。

伴随着文学事业的发展，文学批评也有所进展，撰写人物评传的作者日渐增多，如今已成为一个引人注目的创作门类。对于重要历史人物的评传，一般往往将它归入历史学的范畴。意大利著名文艺批评家克罗齐曾说过："一切历史都是当代史。"[1]

---

[1] 引自贝奈戴托·克罗齐著《历史学的理论和实际》，商务印书馆，1982年版。

对此种说法有各种不同理解，但历史往往有惊人的相似之处。将真实的人物传记当作那一段历史的重要内容，无疑是不可或缺的。而人物评传，则是对于重要历史人物传记的解读，两者不可偏废，但也不可混淆。

二
传记文学和传记小说的区别

首先应当说明，这里所说的人物传记与传记文学并无本质区别。而传记文学和传记小说却有着本质的不同，根本区别在于，传记文学所记述的人物和事件都应该是真实的，而不是虚构的。

传记文学的文学性，主要表现在对人物及景物的记述采取文学描写的方式，而不是文学的虚构方式。即使对景物的描写，也不能脱离现实的基本背景。譬如，东北一般不会出现50度以上的高温气候，海南也不太可能出现大雪纷飞的景象。应当说，这是传记文学基于"真实"的要求。

传记小说则不同。以《潘玉良传》为例，书中所刻画的人物是真实的，包括主人公的主要人生经历也是大体客观的，但书中一些具体情节却是虚构的。

目前，图书市场令人眼花缭乱。一些标榜为传记小说的作品，实际与传记文学没有什么关系，经常是借着传记文学类书籍比较好卖而"挂羊头卖狗肉"罢了。说到这里，笔者倒十分赞同一位出版

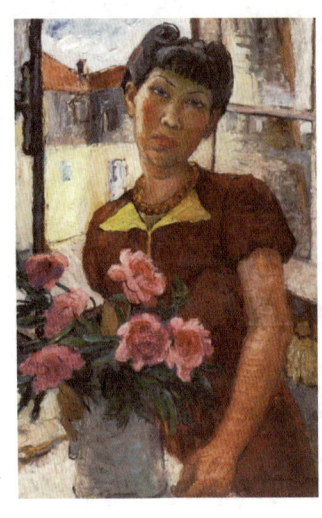

潘玉良自画像

社的资深编辑一针见血的评论：

现在图书市场上有的作品，"实"少"虚"多，史轻文重，虚构、演绎特征突出，明显就是小说，不知为何却偏偏把两类完全不同的东西硬接在一起，实际上是融不到一起的，根本成不了"交叉学科"，也成不了"杂交新种"。本质上就是小说，或者将传记创作成了小说，冠以"传记"字眼，其实是名实不符，可谓传记其表，小说其里。真人真事已被"假语村言"所代替，根本内容从总体上完全被消解、解构，其历史的科学规定性和文学真实性都不复存在。表面上看，它和传记文学的概念差不多，但却根本不是一回事。将文学等同于小说，从而将传记文学转换成传记小说。

你叫传记小说，其实没人把它看作传记，当作真事真人去看，那它不还是小说吗？对这一点，连美国著名传记学家史景迁也主张："我的感觉是说将历史和文学合而为一和将历史和小说合而为一，是大不相同的。"

说透了，传记文学的本质是真实，传记小说的本质是虚构。两者乃不同体裁，不可同日而语。

三
人物评传与传记小说的生命力

人物评传是人物传记的"伴生物"。极而言之,人物传记不会"死",而且具有强大的生命力。人物评传的生命力,也会随之越来越旺盛。

相反,所谓传记小说,本无生命的归属,只能走向"枯萎"。说到底,小说就是小说,是以虚构方式形成的一种故事文体。即使以一个人物为中心,但也绝称不上是传记,更不是传记文学。而传记文学则不同,它是以真实人物的真实经历为基本内容的一种写人文体,其基本特征就是以真实的人物,在真实的时间、真实的地点所发生的真实的事迹为主要内容的人物传记。

之所以在"传记"后边加上"文学"二字,其本意并不是说

中国传记文学学会编辑的传记理论书籍

可以虚构或胡编乱造，而是强调采用文学的笔法使传记更具生命力。

笔者认为以下这段预言，表面看上去似乎多少有点儿绝对化，但颇引人深思：

"传记文学的词典里不会给传记小说这个词语留上一把交椅。传记小说将可休矣。目前，传记小说的提法还在通行，其中不乏商业炒作之嫌；起码也是迁就商业目的而怠慢了概念的科学性。"[①]

[①] 此节内容部分观点参考并引自王斌俊《中国近期古代人物传记的出版——兼议传记的现状与趋向》，中国青年出版社，2012年10月版。

[第十八章]
怎样撰写自传

在一般人看来,自传与回忆录似乎是一码事。

自传与回忆录,究竟有哪些区别?
自传的撰写有哪两种基本方式?
德龄所撰写的回忆录,俨然成了反映清宫生活的肇始。

自传的灵魂,同样在于真实。

在人物传记当中，人物自传和人物回忆录都是属于地位较特殊的重要文体。不得不提的是，它们在历史学中的地位，日益受到重视。

一
自传与回忆录的区别

首先说自传。尤其在当今，它越来越成为人物传记中一种重要文体。在一般人看来，人物自传和人物回忆录似乎是一码事。其实不然。若推敲起来，自传与回忆录两者确实有着较大区别。

1. 回忆录可以是片断性的、零星的，甚至是对于某一具体事件或某一历史阶段的追忆，并不一定强求系统性或完整性。

2. 自传则不同，应当是传主较为系统地回顾一生的记述。一般说来，若无特殊情况，自传须从传主出生开始，更可以追溯到传主出生之前的先辈身世，往往要写清楚传主迄今为止的人生历程。

二
人物传记的重要形式——自传

古往今来，由作者本人撰写的"自传"这种文体，尤其在记述重大历史事件和重要历史人物时，往往具有不可或缺的重要史料价值。

如果传主在重大历史事件中曾起到过主导作用或关键性作用，或许更能体现极为重要的史料价值。譬如，历史上最早出现的司马迁的《太史公自序》，实际是《史记》一书的"序言"，它通常被视为中国人物传记中的第一篇自传。再如，溥仪的《我的前半生》以及《李秀成自述》《瞿秋白自述》等，不仅是自传的典型，也从特定角度客观反映了彼时的历史状况。

值得指出的是，尤其在特殊的历史时刻，重大历史的当事者亲笔撰写的自传，更是具有不可替代的独特的历史价值。

自传体当中以日记形式描述重要历史人物，尤具纪史价值。然而，这必须以真实的具体日期作为载体，并可资考证。若是历史名人，再事涉重大历史事件，则更应当引起重视。在人物传记当中，也有事后用追溯方式记述以往历史的，譬如道光皇帝后裔——爱新觉罗·毓嶦，以日记体追溯记述伪满洲国垮台经过的《最后一周的伪满皇帝》，被收入《溥仪在伯力收容所》[①]一书。笔者曾多次采访过毓嶦并交往多年，当询问其有否当年的日记为证时，这位忘年

---

① 溥杰、毓嶦等著《溥仪在伯力收容所》，文史资料出版社，1980年8月第一版。

挚友诚实地实话相告，这只是采用了一种日记文体来撰写，仅依据他本人的追忆撰写而成，并无原始日记。

结果，因年代间隔时间太久，在溥仪何时被苏军逮捕并押往苏联等一系列具体日期上，出现了几种不同的说法和分歧。这说明，如遇重大争议时，则必须拿出历史记载或当事人日记作为重要依据。

三
如何写自传的范例

什么是自传？

一般说来，这是以传主本人的身份回忆生平事迹的一种写作文体。自传的灵魂，同样也在于真实。如果失去真实便毫无任何价值可言，还不如去写随意虚构的小说好了。

自传的撰写，通常有两种基本方式：一种方式是由传主亲笔撰写；另一种方式是，邀他人捉刀。

至于自传的载体，目前有多种形式，比较普遍的是直接用文字形式记述下来。再就是采用录音或音像、视频等现代方式记录，据此以文字形式整理成书。

此外，还可以采用多幅历史照片，即画传的方式——大多采用历史照片辅以文字说明的方式问世。即使不公开出版，留下一些真实历史记载，毕竟于社会有益。尤其是一些重要历史人物或亲历重

钱锺书、杨绛夫妇赠笔者的两本书
（贾英华 收藏）

钱锺书、杨绛夫妇的亲笔签名并钤印

大历史事件的主人公，为历史留下一些可靠的历史信息，此乃公众人物的社会责任，也是对历史负责的态度。

名人自传与一般人的自传无异，同样贵在真实。

况且，名人自传不在厚薄长短，而贵在记述真实的历史。若能同时透过历史，反映社会进化的细节，则更属上乘之作。

例一：杨绛的自传之一《将饮茶》[①]。

一本薄薄的小书，竟然产生了偌大影响，一版再版，畅销不已。这便是杨绛的自传之一——《将饮茶》。

至于在落笔《怎样撰写自传》这一题目之际，因何选中杨绛这部书为例？说起来，并不排除一段昔日交往的情愫在内。

早在1992年年初，笔者患重病在家静养。曾任民国时期清华大

---

① 杨绛著《将饮茶》，中国社会科学出版社，1992年2月第一版。杨绛（1911—2016），原名杨季康，江苏无锡人，现代作家、文学翻译家和外国文学研究家，钱锺书夫人。她通晓英语、法语、西班牙语，她翻译的《堂吉诃德》被公认为翻译佳作。杨绛在93岁出版随笔《我们仨》，风靡海内外，96岁出版散文集《走到人生边上》，102岁出版250万字的《杨绛文集》八卷。2016年5月25日，杨绛在京逝世，享年105岁。

学学生会主席的尚传道[1]前来登门看望，同时带来钱锺书[2]和杨绛的问候，并捎来夫妇二人的亲笔签名钤印的两部新书相赠，笔者不由大为惊诧。早就听说，钱锺书和杨绛从来不送书给他人，也罕见与外界交际，笔者与二位大名人素昧平生，何德何能受此书香之赐？

彼时，尚老笑呵呵地说，原来钱锺书夫妇二人早已读过笔者的拙作《末代皇帝的后半生》，又看到了报纸上登载的关于此书引起的著作权官司胜诉，诚邀笔者一晤。当钱锺书夫妇得知笔者与尚老是无话不谈的挚友，遂托他前来赠书。

随后，由尚老接通钱锺书家的电话，笔者遂与钱锺书夫妇二人愉快地通了话。夫妇二人热情邀笔者去他家做客。不料，过几日笔者如约赴其家时，钱锺书意外因病住院，唯剩杨绛在家，她见与我同行的还有一位闻风而来的报社女记者，便笑着婉言说：我可不见记者，贾先生，这样吧，待钟先生出院再约。哪知，此后双方皆因忙碌只通了几次电话，此后机缘错过，便遗憾地再也无缘当面长谈，只空余夫妇二人的两部签名书，留作纪念。

就在尚老前来送书当夜，笔者一口气读完二位名人的大作，尤

---

[1] 尚传道（1910—1994），字希贤，浙江人。民国时期曾任清华大学学生会主席。1945年任国民党吉林省政府委员兼吉林省民政厅厅长、长春市市长。在新中国被特赦后，曾任民革中央监委常委，北京市政协委员。

[2] 钱锺书（1910—1998），江苏无锡人，原名仰先，后改名钟书，现代作家、文学研究家。1929年考入清华大学外文系。1937年获牛津大学艾克赛特学院学士学位。1947年，其长篇小说《围城》由上海晨光出版公司出版。1958年所著《宋诗选注》，列入中国古典文学读本丛书。1972年3月，62岁的钱锺书开始写作《管锥篇》。1976年，由钱锺书参与翻译的《毛泽东诗词》英译本出版。1982年，《管锥编增订》出版。1998年12月19日，钱锺书因病在北京逝世，享年88岁。

其对杨绛的《将饮茶》印象颇深。书中所述历史细节之真,其对于家庭感情之真挚,令笔者感动不已。多年来,始终念念不忘。

《将饮茶》,表面看来是一部随笔,细细阅读后,才知此书确是实实在在的一本自传。杨绛以写父母以及姑母及其夫钱锺书入笔,而从中记述了她的家庭及其精彩一生。若加之她撰写的《干校六记》《我们仨》等书,便可以清晰地看出,她从描写家庭的角度转而概述自己毕生真实经历的细节,笔法谦逊且妙。

她的自传,堪称十分幽默。开篇称之孟婆茶,附题是:胡思乱想,代序。显然,她所谓的孟婆茶,是从"孟婆汤"脱胎而来,意思是早已忘却不少昔日往事。

此文由来,杨绛首先作了铺垫。她于1979年冬,忽接中国社科院近代史研究所一封信,调查清末中国同盟会会员情况:

"令尊补塘先生是江苏省最早从事反清革命活动的人物之一,参加过东京励志社,创办《国民报》《大陆杂志》,在无锡首创励志社,著有影响……补塘先生一生中,有过一个重大变化,即从主张革命转向主张立宪。这中间的原因和过程如何,是史学界所关心的,盼望予以介绍。"

自传由此渐次展开。杨绛自幼出生于一个高知家庭,两代都是穷书生。她自述其父杨荫杭,字补塘,江苏无锡人,21岁官费赴日留学,回国后因鼓吹革命,被清廷通缉,旋即赴美留学。归国后,其父被民国政府委任为江苏省高等审判厅厅长,又被袁世凯调往京城后,作为京师高等检察厅厅长,竟把一位贪污的部长扣押起来,反遭"停职审查"。《民国演义》和《中华民国史》都曾提及她父亲的名字:宣传排满革命……结果愤而辞官,立宪梦由此破灭。

作为父亲的四女儿,杨绛亲耳听到父亲讲述,肃亲王善耆曾邀其父到王府讲授法律课，当他辞职返归南方前，善耆还拉着他的手，含蓄地说：祝你们成功。对此，她印象极深。父亲的性格和正直为人，影响了她的一生。

细微之处，足见民族气节。当年有人状告其父，袁世凯居然亲笔批示：此是好人。杨绛好奇地问父亲，坏人就杀了？父亲摇头。她的父亲赴上海《晨报》当主笔时，其朋友章宗祥参与与日本人签订"二十一条"，父亲气愤地对她说，他们瞒瞒瞒瞒瞒，只瞒我一个！父亲的民族气节影响了她，不难理解她亦曾谴责一位知名女作家委身于汉奸，丧失民族气节。

杨绛的父亲曾对女儿说，你最喜欢什么，就学什么。她不放心地追问父亲，只问自己的喜爱？我喜欢文学，就学文学？父亲回答说，喜欢的就是性之所近，就是自己最相宜的。实际这一番话，影响了杨绛一生——最终走上了文学之路。

话头一变，杨绛转而介绍自幼成长的环境，又是从中国社科院近代史研究所再次来信提起的：

"令姑母荫榆先生也是人们熟悉的人物，我们也想了解她的生平。"

由此，杨绛变换角度，从三姑母身上话锋一转，移花接木地写起了自传。三姑母是留美硕士，归国后成了北京女子师范大学校长，最终，她的三姑母被找"花姑娘"的日本鬼子毙于河中。这件事，她印象颇深。从这一侧面，能够清楚地看到杨绛成长的家庭环境及受到的熏陶。

她叙述与钱锺书的婚姻，采用的是倒叙方式，从20世纪80年代胡乔木建议她写一篇《钱锺书与〈围城〉》起笔的。显见，其构思巧妙，却并不絮叨。她在书中回忆说：

"钱锺书在《围城》的序里说，这本书是他'锱铢积累'写成的。我是'锱铢积累'读完的……《围城》是1944年动笔，1946年完成的。"

她用一句诗，描写了钱锺书撰写此书时的心情："书癖钻窗蜂未出，诗情绕树鹊难安。"介绍过此书的撰写过程，杨绛才笔锋一转倒叙起与钱锺书的相识和婚姻：

"锺书和我1932年在清华相识，1933年订婚，1935年结婚……我初识钱锺书时，他穿一件青布大褂，一双毛布底鞋，戴一副老式大镜，一点也不'翩翩'。"

杨绛谈起钱锺书成为文学家，是从他周岁时"抓周"开始的。钱锺书当时抓到了一本书，所以起名叫锺书。谈起夫妻生活，她说，人们都以为他是一个好学深思的锺书，其实"就是个痴气旺盛的锺书"。他甚至往妻子脸上或女儿肚子上用墨"画一个大脸"，常爱说些痴话、傻话。

提及丙午丁未年发生的"动乱"，杨绛专门撰写了一章"丙午丁未年纪事"，副题是：乌云与金边。她叙述起了夫妇二人被以"资产阶级学者"名义，揪到台上批斗的情景，她被剃掉半边头发——"阴阳头"，却反倒笑了起来，因为小时候总羡慕弟弟剃光头，如今也剃成了半个光头。

因祸得福——杨绛被逼着打扫厕所，休憩时反而背诵起了古诗词。打扫后楼之际，在储藏室内，她竟然意外发现了自己的译稿《堂吉诃德》。为保护钱锺书，她被戴上高帽游街示众，被称为"披着狼皮的羊"。

她笑对人生。在这本自传结尾前，她写道：

"按西方成语：每一朵乌云都有一道金边……乌云愈是厚密，

银色会变为金色。常言'彩云易散',乌云也何尝能永远占领天空。乌云遮天的岁月是不堪回首的,可停留在我记忆里不易磨灭的,倒是那一道含蕴着光和热的金边。"

杨绛自传的结尾,倒也十分有趣。题目叫作:隐身衣(废话,代后记)。观之,何其趣味盎然。此书的结束语是:但无论如何,隐身衣总比国王的新衣好。

合上此书,笔者闭目思之,不禁抚掌称妙。颇有感于自传不在长短,而在于一个"真"字。更何况,从薄薄的书中,或许可以隐隐透出些许历史的厚重与沉思。

随着时代的发展,自传在传记文学中的地位愈显突出。人物,尤其是关键性的历史人物在历史长河之中,显得越来越受到重视。

究竟什么样的自传最受欢迎,或是能产生重大影响且畅销?条件不外三条:一是人所不知的秘闻,尤其是围绕着历史上的皇帝、皇后以及皇族等人的清宫秘闻,普遍受到国内外读者长久注视,至今亦如此。二是,此类书若能撰成"系列",可以一波又一波地引起新闻和出版界的瞩目,这样便往往成了图书市场的抢手货或常销书。三是,国内外瞩目的重大新闻人物。

例二:德龄与容龄的自传。

纵观近一百年以来的晚清人物自传当中,在国外影响较大的是裕德龄——被外国人称为德龄公主。她是清末时期中国驻法公使裕庚的女儿,曾与姐姐裕容龄二人一起走进清宫为慈禧太后当过两年"女官"。此后,裕德龄赴美生活,用英文先后撰写了她在宫中的生活回忆。

她的第一本书是《清宫二年记》,出版于1911年,详细记述了

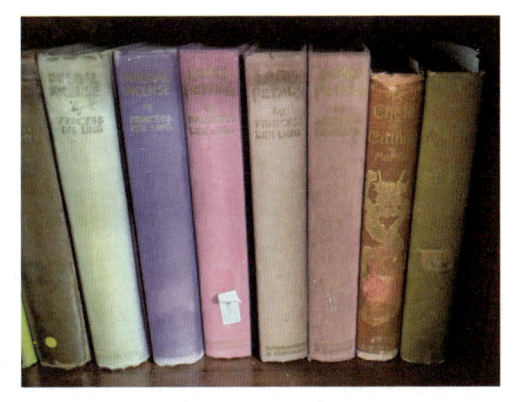

德龄所著《清宫二年记》等八本英文民国原版书（贾英华 收藏）

她和姐姐容龄二人进宫前后，并在宫中服侍慈禧的经过。由于西方人对于中国宫廷极度缺乏了解，这本书满足了外国人的好奇心，此书一经出版，便引起轰动，成了行销欧美的自传体畅销书。

此书被译成中文后，先在上海一家报纸连载，一时洛阳纸贵，在国内顺利出版。由此，德龄一发不可收，陆续写了八本书[1]，其内容基本围绕她在清宫和京城的所见所闻。真实性究竟如何？引用她的姐姐容龄的话说，除亲身经历有限之外，不少内容是道听途说的，对于历史的细节，不免有夸大或想象之嫌。其实即使按照现在文史资料"三亲"——亲见、亲历、亲闻的标准来看，亦具一定的文史参考价值。

不可否认的是，这八本书内确有不少珍贵史料，虽说并非全部是她亲身经历，但有些史实的真实性却为后来证实。譬如，慈禧和光绪之死一事，德龄当时在书中即认定是他杀。据现代科学检验来

---

[1] 笔者收藏了德龄所写的八本书的英文原版及民国年间中译本。这八本书分别是：《清宫二年记》《进宫之前——童年回忆》《天子——光绪秘事》《老佛爷——慈禧》《皇城秘闻录》《玉和龙》《莲花瓣——宫廷往事》《金凤凰》。德龄所撰写并出版的这八本书，从20世纪初至40年代，其间历经数十年时间。

看，恰与德龄的说法基本相符。而在当时，她与官方和众人的说法完全相悖，显见，颇具历史参考价值。

乃至新中国成立之后，德龄的姐姐裕容龄也撰写了一本自传——《清宫琐记》，最初在《新观察》杂志上连载。[①] 此书篇幅虽然不长，却真实靠谱。六十年代中期，笔者刚读中学，当时，容龄恰与笔者同班同学刘伟同住在东城区霞光街一个院里，她居住在院内的东屋。笔者参加课外学习小组时，见过住在此院的这位老人，还好奇地与裕容龄攀谈过数次。谁知，偶然的几次交谈竟成为笔者研究晚清历史的肇始，也在笔者一生中留下了不可磨灭的深刻印象。

例三：玻璃大王亲笔撰写的自传

曹德旺著《心若菩提》（增订本）[②]，是近年来独具风格的一部优秀人物自传。

此书独到之处在于，这不仅是一部成功人士罕见亲笔撰写的人物传记，且未经他人代笔润色，故而文字朴实无华，蕴藏着这位年逾七旬老人的人生智慧。

尤应赞许的是，此书贵在真实。传主曹德旺的为人也在业界内外口碑不错。他创业数十年来，始成打破中国汽车玻璃百年来依赖进口历史的第一人，也是带领中国制造迈向世界的领头人。他不仅是一位拥有百亿资产的"玻璃大王"，而且满怀热爱祖国的赤子之心。

在中国，曹德旺是无人不晓的"世界玻璃大王"，更是"中国

---

① 笔者亦收藏了裕容龄所著《清宫琐记》，以及20世纪50年代出版的此书第一版及《新观察》杂志。

② 曹德旺著《心若菩提》（增订本），人民出版社，2020年10月第一版。

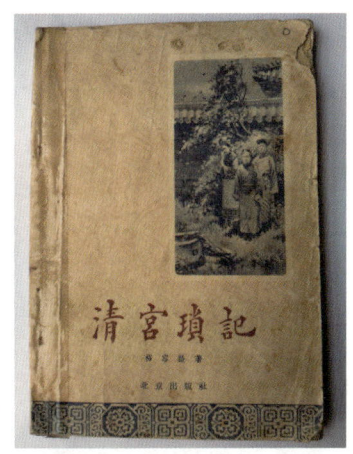

容龄撰写的《清宫琐记》初版
（贾英华 收藏）

撰写《清宫琐记》的暮年裕容龄

曹德旺著《心若菩提》（增订本）

首善""佛商"。他乐善好施,始终把慈善事业当成人生修行。他不是中国首富却被人称为"首善",成为最被人称道之处。

《心若菩提》(增订本),如实记录了曹德旺人生的坎坷经历,尤其是白手起家创立福耀玻璃公司的故事。曹德旺1946年出生于上海,祖籍是福建福清县高山镇曹厝村。由于父辈家道中落,他初一辍学后靠着勤奋学习和顽强拼搏,创办福耀玻璃公司,造就了不平凡的人生。在自传中,他详述了对于"君子爱财,取之有道"的理解和实践。

1996年,法国圣戈班公司与之合资,他将资产转让给两家香港公司持有42%股权,作价1500万美元。后来法国公司退出,2008年股票每股升至38元,他毅然将福耀玻璃42%股权捐献国家,成立慈善基金会。

一次,福清市财政局为偿还兴业银行发行的债券本息约7500万元,找曹德旺帮忙,条件是将3个收费站的5年收费权转让给他。在其精心管理下,他不仅偿还了7500万元贷款,还盈余5000余万元,但他将全部盈余款捐建公路,自己未留一分钱。

2009年8月,因通辽公司前期可能亏损,通辽市政府拨付1000万元工业扶持资金。当他发现企业没亏损反而盈利后,毅然退款。市委书记得知此事,在会议上感动地表态:我从大学毕业到政府当科员一直到现在当书记,拨出去的款,从来没人退回来,但是曹德旺做了,这样的民营企业家,值得我们学习!

"送人玫瑰,手留余香"——对此,曹德旺的理解是,这体现了企业的境界和领导人的修为。

这一部自传,写得真实又令人感动。在感情和婚姻问题上,尤其对成功人士而言,大都是迈不过去的一道坎。连不少大人物都遮遮掩掩，避之还唯恐不及，而曹德旺却罕见地选择了坦诚相对。他在自传中披露了难以启齿的婚外情的真相。

曹德旺在自传中如实披露，人过中年因偶识一名红颜知己，险些抛弃糟糠之妻。他与发妻陈凤英的婚姻，毫无轰轰烈烈的恋爱，甚至婚前也只见过短暂一面，只是他迫切需要一位能日夜看护卧病在床的老母亲的女人。

婚后数十年来，曹德旺与孝顺的发妻相敬如宾，直到在一个酒会上偶遇红颜知己且一见钟情。女方年轻靓丽、聪慧过人，他已被其魅力深深吸引，感到在妻子身上从未有过的一种新奇感。曹德旺立即承诺离婚而与她结婚，又随即给发妻陈凤英写了一封亲笔信：爱上了一个红颜知己，咱们离婚吧。

陷入迷茫的曹德旺，为寻求婚姻答案，于是找100位夫妻作了一次"婚姻幸福调查问卷"。当他阅读完问卷之后，幡然悔悟：无论燕尔新婚或结婚经年的老夫妻，也无论自由恋爱抑或"父母包办"，婚后无不复归平淡，过着柴米油盐的普通夫妻生活。自己一度喜欢的红颜知己，只不过是一种短暂的新鲜感而已。

此前已被爱情冲昏头脑的他，却忘记妻子是不识一字的文盲。来信由母亲读给妻子，随后母亲大骂曹德旺"狼心狗肺"。出乎意料，陈凤英异常淡定地请婆婆给丈夫复信一封：我知道配不上你，同意离婚。但是我有两个要求：一是离婚后三个孩子必须跟我；二是我只要家里的老房子，其他我都不要。

曹德旺看到妻子的复信之后，没想到她如此善良且善解人意，顿感愧疚不已，随即悬崖勒马，把上百亿资产全部转至妻子陈凤英名下，发自内心地表态：我就是给你打工的！

显然，他结识的红颜知己看中的是曹德旺的百亿身家，没多久便委婉地提出分手，表示不能充当第三者。曹德旺毅然与红颜知己一刀两断，重返家庭。只因他实在难忘艰难的日子里，发妻陪伴自己一步步跋涉而来。

难得的是，曹德旺把险些发生的婚变经历，坦诚地写入自传《心若菩提》。他不仅提醒自己，也在警醒世人，只有家庭幸福才是夫妻生活的港湾和归宿。

曹德旺的书名——《心若菩提》，其实已说明他这部自传不仅袒露了一位成功人士的心路历程，也说明他有一颗善良的"佛心"。内中禅机，颇值得世人深思再三。

[第十九章]

怎样写回忆录

回忆录是人物传记当中,以自述个人经历为主要特征的"自传"文体。

回忆录的定义,并非仅存个人记忆中的"文字记录"。还有何其他体裁亦属此范畴?

回忆录究竟有哪三种主要体裁?

年迈的传主如何唤起往事回忆,从五个方面提个醒。

个人回忆录在传记文学中的地位,绝不可小觑。这对于缺少历史细节的正史记载,无疑具有弥补和参考价值。

什么是回忆录？简单地概括说，回忆录是人物传记中，以自述个人经历为主要特征的一种"自传"文体。

一 回忆录的定义

一般说来，回忆录是用文字或其他载体形式，记述自己或他人亲身经历的历史往事，它往往带有明显个人亲历的印记。应当强调的是，这对于较少历史细节的正史记载来说，无疑颇具弥补价值和参考价值。

当然，也有人把回忆录定义为：在个人记忆中的"文字记录"[①]。其实，随着时代发展和高科技的进步，将回忆录仅仅限定为文字记录，显然明显狭窄。理应把个人录音、音像以及所有视频等其他立体记载方式，也归入回忆录的范畴，这样才更符合实际。

自古以来，回忆录始终受到各阶层关注。特别是明清以降，更是受到前所未有的推崇。囿于古代历朝发生过不少"文字狱"，世

---

① 引自葛玉广著《回忆录的写作》，大连工学院出版社，1988年第一版。

人最初未将其称为回忆录,而概括为"笔记"。如今看来,历代笔记的盛行,不仅有助于弥补正史的不足,更为纠正一些史谬,提供了不可多得的原始依据。"三亲"的特殊经历,尤其使明清等历代笔记显具重要的史料价值。

尽管有人把一些"笔记"笼统归入笔记小说,然而其记史的功能断不可漠视,此乃后人了解彼时社会全貌的重要途径。其中最重要的,莫过于点滴记录当时的历史细节。譬如,笔者手中收藏着一部民国初年版的《十叶谈》。内中披露的晚清宫廷的历史细节,若非亲历或在宫廷内实际生活过,断然不可能知晓得如此具体详尽。

可见,个人回忆录在传记文学中的地位,绝不可小视。

二
回忆录的几种主要体裁

1. 自传体回忆录

自传体回忆录,大多是以第一人称为主要特征的回忆文章或书籍。

近百年来,比较具有特殊代表性的回忆录,似应首推末代皇帝——爱新觉罗·溥仪所著《我的前半生》。这是一部受到国内外读者广泛关注的回忆录作品。它从20世纪60年代中期问世以来,据不完全统计,先后再版22次,累计印数达187万余册,还

溥仪的《我的前半生》部分未定稿版本（贾英华 收藏）

被译成数十国文字，畅销全世界。

饶具趣味的是，溥仪这一部自传体回忆录，迄今已有三种版本，即1964年正式出版的《我的前半生》，另外还有在狱中撰写的《我的前半生》灰皮本和溥仪出狱之后由群众出版社副总编李文达[1]执笔本。

溥仪在抚顺战犯管理所改造期间，从1957年开始由溥杰执笔撰写溥仪的回忆录——《我的前半生》，以一年多时间完成了20万字初稿，先后打印成油印本（万嘉熙刻版）和铅印本。此后，又由

---

[1] 李文达（1918—1994），笔名文达，天津市人。1937年肄业于上海美专。曾任上海情报局情报员，苏北《淮海报》记者、浙西金坛区委书记、苏浙皖边区敌工部长。新中国成立后，历任天津市公安局科长，彭德怀赴板门店谈判的警卫员，群众出版社编辑部主任、副总编，国际特务大队大队长等。他是溥仪《我的前半生》一书执笔人，还著有小说《双铃马蹄表》《爱甩辫子的姑娘》等作品。执笔撰写《我的前半生》全本。1964年正式出版的《我的前半生》，因诸多原因，原稿删去16万字。（注：由笔者收藏的以上三种《我的前半生》未定稿本，即将由人民出版社出版。）

李文达执笔修改成几种"未定稿"版本，最终在1964年3月正式出版面世。

另外，《我的前半生》"全本"不仅恢复了一、二稿本原有的序言——《中国人的骄傲》及删去的《伪满十四年》一章、《在苏联的五年》第四节"远东国际军事法庭"，以及第十章《一切都在变》第四节"离婚"，包括溥仪所作打油诗以及占卜的卦辞等内容，另外，"全本"还补充了"定本"被删去的内容，诸如日本驻天津特务机关"三野公馆"、李鸿章记录清末一场大水灾的奏折、张宗昌生活秽史、婉容亲生婴儿被扔进锅炉烧化等人所罕知的历史情节。这三种溥仪回忆录，从一个特殊角度折射了社会的进化和社会意识的进步，以及溥仪的认知逐步趋向客观的演化过程。

这三部溥仪的回忆录，从不同历史角度，反映了一百年来历史的演化和变迁。作为中国封建社会最后一位代表人物的溥仪，一生三次称帝，且历经晚清、民国、北洋军阀、抗日战争时期，又亲历新中国成立乃至"文化大革命"等各个历史阶段。毫不夸张地说，溥仪堪称是中国近百年史的特殊"活化石"。

提到回忆录，还需提及一部书，那便是溥仪的胞弟溥杰所著《溥杰回忆录》。实际此书也并非溥杰亲笔所写，而是由两位老人先后执笔完成的。八十年代初，溥仪的《我的前半生》执笔人李文达先生约笔者去溥杰家做客。其间，溥杰谈起有意邀笔者执笔撰写其回忆录，笔者以工作太忙为由笑着婉言谢绝，应允以第三人称撰写一部《末代皇弟溥杰传》。

嗣后，溥杰又曾邀一位七旬老人李蓬洲捉刀，书未完稿，李老竟因车祸而亡。此事一直延宕至1989年之后，溥杰赴日本探亲，一位日本作家主动提出要襄助溥杰完成回忆录的撰写。当全国政协

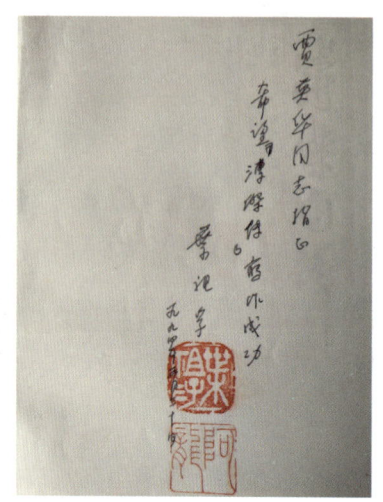

叶祖孚赠贾英华的签名书《溥杰自传》

得知此事，遂出面请北京市政协文史资料委员会副主任叶祖孚——也是笔者老友，动笔整理书稿。

事实上，这部回忆录是由溥杰口述并录音下来，经叶祖孚整理后再交溥杰修改而完成的。它的价值在于真实表达了溥杰的本意。这部回忆录，不仅回顾了末代皇弟的传奇身世以及奇特的人生经历，也较为真实地记述了逾半个多世纪的跨国婚姻的情感历程，反映了近百年来的中国历史，确是一部难得的文史著作。

溥杰因病于1993年年初住院前，一再嘱咐叶祖孚撰写回忆录不能篇幅过长，要加快成书。溥杰对笔者谈起这部回忆录时，后悔没能早写出来，十分担心在世无法看到此书出版。事遂人愿，这部回忆录当年杀青，溥杰躺在病床上见到了印出的成书。然而，这部回忆录的遗憾在于动手较晚，没能详写溥杰自晚清以来及在伪满洲国的经历细节，对其个人真实情感的变化反映稍嫌肤浅，也未完全将幕后的真实历史情节详加披露。好在此书附录了公安部保存的溥

笔者（右一）与溥仪的《我的前半生》执笔人李文达（左一）一起到溥杰家做客

杰在抚顺狱中亲笔写的日记原稿，可以作为参照补充，亦可体现这部回忆录的文史价值。

最重要的是，溥杰生前留下了比书稿更为珍贵的几十盘录音，堪称真正的文史资料[①]。相形之下，溥杰早在1963年亲笔撰写并发表在《晚清宫廷见闻》[②]一书内的《清宫会亲见闻》《回忆醇亲王府的生活》，尤其凸显文史价值，可作为回忆录的重要补充。

2. 日记体

谁若把日记体回忆录作为个人亲历、真实记载或反映历史的重要一页，那么谁就记录下了重大历史事件或重要历史人物，便留住了那一页不可再得的历史。

[①] 叶祖孚先生去世前，将溥杰先生部分回忆录音交我保存，以作为撰写《末代皇弟溥杰传》的部分史料。

[②] 溥杰等著《晚清宫廷见闻》，文史资料出版社，1982年9月第一版。

从历史传统来看，中国人撰写日记源远流长。尤其宋明以来，私人撰写日记者日见增多，晚清以降至民国，更是渐成风气。其价值在于，此类日记所记述，皆作者亲历，因属私藏性质，故较少粉饰，既可以弥补正史的缺憾，也为后人留下了珍贵史料。其中，《翁文恭公日记》《越缦堂日记》等，往往为人称道。

算来，在所有中共高层领导人当中，仅个别人出版过私人日记，如《谢觉哉日记》《林伯渠日记》等。而能留下新中国成立之后较完整的阶段性日记，《杨尚昆日记》①乃是其中重要而罕见的一部。它是撰写者所亲历的历史的真实写照，记录下了许多档案缺失的鲜活史实，被视为20世纪中国政治人物最重要的日记之一。

2001年9月所出版的《杨尚昆日记》，收录了杨尚昆于1949年1月1日至1965年12月10日的日记，共约110万字。虽然，其中个别年份与月份缺失，却基本完整地记录了共和国初创至"文革"前夕这一重要的历史时期。在此期间，杨尚昆历任中共中央副秘书长、中央军委副秘书长、中共中央书记处候补书记和中央办公厅主任等要职，亲历多次政治风云，参与过国家诸多重大决策。《杨尚昆日记》历时17年，留下了大量珍贵的历史细节，"堪称是一部观察当代中国史的珍贵记录"。

在此仅举一例。在《杨尚昆日记》中，记述部队个别人进入北京后，出现了军纪松弛的现象，他写道：才进城几天，"似乎大家都变了"，"一进城市，大家对居住生活条件的要求就提高了，都爱从好的方面去布置"。杨尚昆在日记中，秉笔直书："要能维持简朴

---

① 杨尚昆著《杨尚昆日记》，中央文献出版社，2001年9月第一版。

的作风,恐不容易,城市的引诱实在太大。"

从这部正式出版的日记中,不难看到杨尚昆以往那一段真实的生活面貌,且客观披露了不少世人鲜知的历史背景,具有颇高的文史价值。更难能可贵的是,使人们从中看到了一个风云变幻的社会历史缩影,同时也让世人得以窥见大红墙内一位家庭观念浓郁、充满生活情趣的真实的共产党人形象,竟与普通百姓家庭的模范丈夫和慈祥的父亲并无多大区别。

纵观历史人物的日记,一百年来,较有特殊历史价值的,溥仪日记和溥杰日记可算其中之一。遗憾的是,溥仪和溥杰曾两度在苏联和中国大陆狱中度过,在此期间所记载的日记,往往多有"避讳"。溥杰曾诚实地告诉笔者,他于1950年代在抚顺监狱所写的日记,是可以给任何人看的,连个人私事也如此。尽管如此,他俩毕竟留下了末代皇朝代表人物在起伏跌宕的历史潮流中,不可多得的个人亲笔记载。

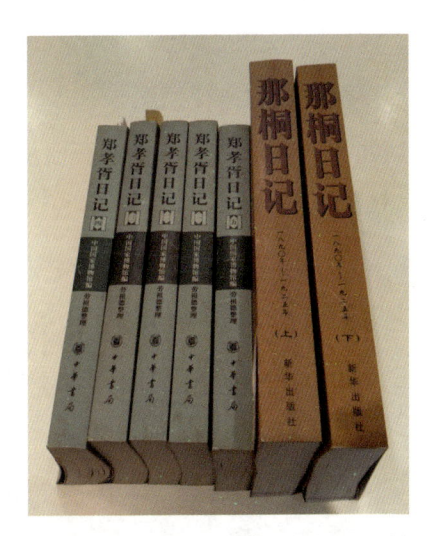

《那桐日记》《郑孝胥日记》(贾英华 收藏)

其他，诸如《那桐日记》《郑孝胥日记》等，对于了解那个渐行渐远的清朝末年和复杂且光怪陆离的民国历史，也颇有借鉴的历史价值。只可惜的是，查看《那桐日记》竟然缺少了最重要的一页历史内容，那便是辛亥革命时期——清帝逊位前后亲历内容的记载。实际上，缺失那一部分日记的时段已部分点明了问题所在，即清帝的逊位竟是"以贿而成"①。

若有朝一日，"丢失"的那部分《那桐日记》能重见天日的话，抑或是对那一重大历史事件的重大补阙，也可能是一段文史趣话。

3. 历史片断追忆体

在历史片断追忆体当中，不应遗漏全国政协文史资料委员会编辑的《文史资料选辑》。它的意义在于，由政府出面组织征集并编写出版，使绝大部分亲历近百年历史的当事人亲笔撰写回忆录，留下了百年历史的绝响，个中意义非同寻常。

（1）《文史资料选辑》

最珍贵的历史回忆录——以其鲜明的"三亲"（亲见、亲历、亲闻）特色，力求详尽全面地从各种角度记述中国近现代历史的片断。

新中国成立之后，全国政协等国家有关部门，集中晚清以来的各界知名人士，先后编撰了大量《文史资料选辑》，"抢救"自晚清以来至新中国成立初期这半个多世纪的珍贵史料，为后人提供了一

---

① 此内容出处，源自载涛生前发表在《文史资料选辑》的文章、清末内务府大臣绍英的外孙马延玉对笔者的回忆。

笔不可多得的宝贵文史遗产。

这些回忆录，绝大部分由历史亲历者执笔回忆，由于大多数人已经作古，这些记载几成绝唱。对于中国近现代史来说，这些珍贵史料确是不可多得的第一手资料。政协第三届全国委员会第一次全体会议闭幕后，全国政协主席在招待60岁以上委员的一次茶话会上，号召大家将六七十年来看到和亲身经历的社会变化，几十年来所积累下来的知识、经验和见闻掌故，自己写下来或者口述让别人记下来，传之后代。

政协全国委员会根据这一指示，设立了文史资料研究委员会负责组织和推动文史资料的撰写和征集工作，还制定了《中国人民政治协商会议全国委员会文史资料研究委员会工作办法》，对其工作任务和内容范围做了明确规定。短短几个月，全国各级政协委员和各有关方面人士，撰写并送交全国政协文史资料委员会的文史资料稿件逾200万字，其中有不少是极具历史价值的第一手史料。于

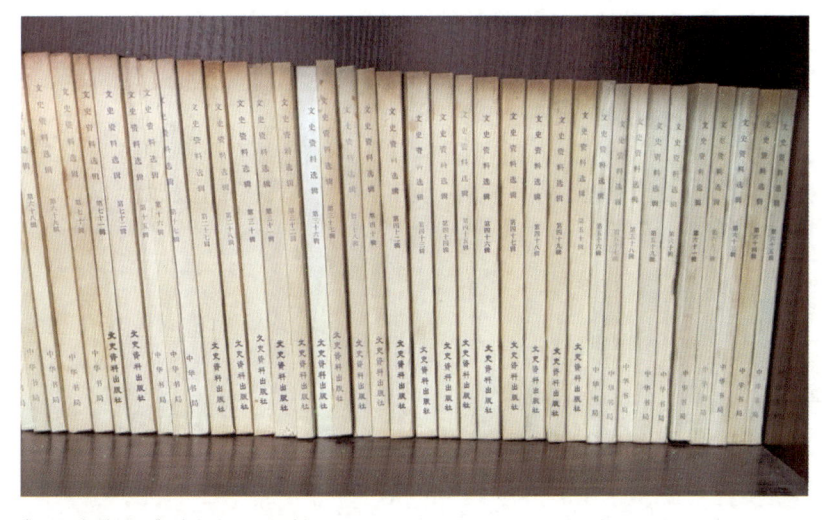

《文史资料选辑》（贾英华 收藏）

是，全国政协决定编印出版《文史资料选辑》。

最值得称道的是，全国政协此后专门成立了文史资料出版社，已经出版157辑。在这些回忆录当中，最具代表性的，是晚清人物——末代皇帝溥仪撰写的回忆录《我的前半生》，以及民国人物——国民党军统少将沈醉所撰写的回忆录《我这三十年》。这两部书由于作者身份特殊，史料生动翔实，至今长销不衰。

（2）革命文献——《星火燎原》《红旗飘飘》

更值得一提的是，作为红色江山的"打江山"者的红军将领，陆续撰写的《星火燎原》《红旗飘飘》等一大批革命文献资料，以新一代改朝换代的历史见证人身份，撰写了亲历的珍贵回忆录。

坦言之，自新中国成立以来，政府有组织有计划地撰写回忆录，最有意义的莫过于两项成果——如果说，全国政协文史资料委员会组织撰写的《文史资料选辑》以历史当事人的身份，直接记录了100年以来历史的演进和翻天覆地的变化，那么《星火燎原》《红旗飘飘》等革命者的回忆录，则是中国共产党如何取得新中国政权过程的回忆录纪实。

这些翔实的个人回忆录，确属于抢救性的挖掘收藏，为近现代历史留下了宝贵的史料。当然，这同样也是真实的历史记录。

三
唤起往事回忆的五种方式

在撰写回忆录时,尤其是老人,时常可能遇到难以完全记忆清楚的旧事。此时,可以采取以下五种方式,襄助传主追忆起往事。

1. 寻访故地,实地踏勘过去生活过的地方,这样容易唤起老人对往事的回忆,尤其是过去生活的细节。譬如当事人的出生地,以及童年生活,历经数十年之后,未必能记忆得很清楚,甚至青年时代的一些旧事,也不一定能够完整地回忆起来。故地重游之后,睹物思人,往往有助于恢复对当年发生过的历史事件的回忆。譬如,有的老红军重游故地,顿时记起长征路上的许多真实故事。

2. 寻访过去的亲朋好友,乃至同学故交,对于记忆模糊以及众说不一的往事,还可以通过不同当事人的回忆,求同存异,以便经几方核对,客观真实地恢复历史原貌。

3. 重新翻阅过去的日记,以及自己或他人撰写的文章、照片。尤其是翻阅当年的报纸、杂志等记载,对于曾经历过的历史力求恢复清晰的记忆,至少能找到回忆的线索。

(1) 对于经历过的重大历史事件,尤其是亲身经历,尽量回忆细节或容易被人忽略之处。

(2) 对于重要历史人物,尤其是亲身接触过的,要力求准确地回忆起当年的真实情景,力求做到:原地、原貌、原话。

(3) 对于存在分歧的历史事件和人物,要记载下当年的亲见、亲历、亲闻,竭力挖掘外人鲜知之事。即使作为一家之言,也要做到所忆有据。

4. 倘能找到旧档案和当时的史料记载作为参考，当然最好。如能找到当年的几件旧实物，作为回忆的佐证，说服力则更强。

5. 退休老同志撰写回忆录，往往会遇到记忆不清或记忆不同的情形。此时，可以采取召开座谈会的方式，或邀请当年的老同志聚餐，一起回忆当年的旧事，这样彼此相互提示追忆，以期求得共识。

[第二十章]

口述自传的撰写

口述自传须有传主正式授权。否则,可能发生法律纠纷。

不可忽视口述自传的撰写。个人口述实录,已成为风靡国际的时髦文体。

撰写口述自传,倘遇到回忆不一时,最起码有四种应对。

访谈录——介于传记与自传之间的人物传记新形式。

撰写口述自传,无论往事千差万别,回忆内容或有不一,但务必以实事求是为原则。

囿于各种原因，抑或由于传主身体状况或文化水平等，委托他人代笔完成口述自传者，似乎越来越多。目前，有几种情况务必加以注意。

一
务必注意的四个问题

1. 口述自传必须有传主授权。任何传记作者若无正式授权，很可能发生法律纠纷。尤其是历史人物或知名人士，出现的问题不只限于口述自传本身，还可能涉及政治、经济乃至知识产权继承等一系列问题。

2. 如非正式文字授权，传主一旦中途去世，还可能出现意想不到的一系列后续问题。

3. 口述自传宜由传主本人亲笔作序或签名、盖章并履行法律手续，否则传主百年之后出版此书，世人无法获知是否传主本意。若属重要历史人物，最好由作者与出版社一起与传主正式签订合同并作法律公证，以避免意外纠纷发生。

在撰写口述自传过程中，时常会出现这样情景，即对同一事件所涉及亲历者回忆不一致。有的当事人有意或无意夸大在以往历史事件中的作用，甚至拔高自己，贬低别人。遇到这种情况怎么办？

一是，不唯上，不唯书，只唯实。尤其面对重大史实的回忆出现分歧时，要竭力找到一些历史原始依据和记载。如果条件允许，还可以将相关当事人聚集一起，共同追忆当时的历史场景。这样较易达到求同存异的效果，以利于恢复历史的原貌。

二是，对于一些重大历史事件和重要历史人物，回忆者前后记忆不一致，甚至几位主要当事人的回忆也不一样。这样宜以最初的历史记载和回忆内容为准，事后出现的不同追忆仅作为参考或作备注。

三是，出现当事人的回忆与历史档案记载不一致时，尤其事涉重大历史事件时，绝不能"官大表准"——仅以谁职位高便以其回忆为准，而是要特别注重原始档案的记载。俗话说，好脑子不如烂笔头子，在个人记忆与历史档案发生矛盾时，宜以原始档案记载为准。

四是，对于已去世的重要人物的评价出现争议时，不仅要认真听取亲属的意见，还要以实事求是的态度客观对待，更重要的是要以历史上形成的组织决议为准。必要时，还可以提请有关部门审核，对书稿把关。

笔者认为，一般来说，隔代人追忆，不如本人亲历回忆。本人亲历回忆，不如当年的日记或原始档案。从以往经验来看，在查询重要历史人物的家庭背景或出生年月日时，往往档案记载不如原版家谱或宗谱准确；而考证家谱或宗谱时，宜以最早年代的记载为准。

在撰写口述自传时，无论往事千差万别，回忆内容或有不一，但务必坚持以实事求是为原则。

二
访谈录——一种介于传记与自传之间的传记形式

当今，在人物传记的撰写形式方面，出现了一种引人注目的新类型——既非纯粹由他人以第三者角度撰写的传记，也非传主亲笔撰写的自传，而是介于两者之间的写作形式。这便是以访谈录方式撰写的人物传记。

这种方式撰写的人物传记，通常具有三个特点：

第一，这往往是功成名就的各国首脑或政要人物，以接受记者或捉刀者采访的方式，回顾其一生的主要业绩，同时披露一些在位时不便也不曾披露的国际秘闻及国家要事。这种传记往往是传主毕生的总结，从中可以窥其生平奋斗的轨迹，以及传主的人生哲学和个人感慨，这种传记往往最容易引起读者的兴趣。

第二，各界名人包括成功的商业巨子，都不免有名誉方面的需求。他们无不想让世人了解自己奋斗之不易，让各界人士分享其成功经验或教训。特别在晚年，他们大多也想在历史这根坚硬的"柱子"上雕刻下一些痕迹，人物传记则是其中一项重要载体。比较而言，采用访谈录方式确是较为便捷的写作方式。

但前提是，切实摸清传主的人生脉络和毕生功过得失，需事先拟定详尽的采访提纲，以避免偏离其"主线"或失之偏颇。

第三，尤其是靠"名"混饭吃的娱乐界人士，离开"名"便无"利"可言。伴随现代信息社会日益发展，尤以娱乐界和文化界最明显——名声即金钱，似乎已成定律。一些从业人员，稍有名气之后，往往采用访谈录或邀作家捉刀撰写传记的方式出书，以期提高声望。有的演艺界人士为扩大市场影响或策划炒作某一题材，以此种方式出过书。近年来，演员和各类主持人出书成风，其中不乏类似访谈录的人物传记。

这种人物传记的写作方式，无论对于捉刀者还是传主本人，都较易操作也留有余地。并非像完整的人物传记那样记述下毕生业绩，而留下片断性的生活经历和感慨，或许也有一定的读者群。

其实，不少电视台所作的访谈录，不知不觉便已迈入立体或视频人物传记创作的行列。

如何撰写访谈式的人物传记？最重要的需有三点准备工作。

一是，执笔者一定要事先通过充分沟通和交流，了解传主迄今至少某一阶段的真实感悟，弄清楚传主想传递什么信息，欲达到何种目的，做到心中有数。这是最起码的一点儿准备工作。

二是，查找相关基础资料，包括可能找到的档案以及传主本人的履历。经过充分准备之后，撰写一个详尽的提纲，经与传主反复磨合之后，再确定采访内容。捉刀作传者须征得传主同意，方可记录或录音、录像，以备代笔之需。

三是，此种传记的撰写方式，好处在于访谈录可以将当面采访与文字交流结合起来。形式自然可灵活多样，如果传主和捉刀者不住同一地，还可以通过电话或音频、视频方式沟通交谈，以达到最终效果为目的。

再强调一点,执笔者务必注意。这种访谈方式所形成的传记,须交传主本人审阅后才能交付出版,最好应事先达成共识,否则难免出现一系列尴尬问题。而且,双方对于著作权的享有,也须有一个明确的合同或协议,而且经过法律公证,以免将来与传主乃至后人出现著作权纠纷。

目前来看,以口述自传或访谈录这两种方式撰写的人物传记,其中两部比较成功。

例一:《袁隆平口述自传》。①

是由袁隆平②口述,辛业芸访问整理完成的。此书获第三届"三个一百"原创出版工程文艺少儿类作品奖。

众所周知,袁隆平是一位深受国人普遍尊敬、真正为中华民族作出巨大贡献的农业科学家。袁隆平是江西德安人,生前历任中国工程院院士、美国科学院外籍院士,是驰名中外的著名育种学家,被誉为"杂交水稻之父"。

袁隆平于1953年毕业于西南农学院,在湖南安江农业学校任教。曾任中国国家杂交水稻工作技术中心主任及湖南杂交水稻研究中心主任。著有《杂交水稻培育的实践和理论》《杂交水稻学》等,曾获"国家特等发明奖""国家最高科学技术奖"和联合国科学奖、沃尔夫奖、世界粮食奖等多项大奖。可以说,他为中国乃至

---

① 袁隆平口述,辛业芸访问整理的《袁隆平口述自传》,湖南教育出版社,2010年9月第一版。

② 袁隆平(1930—2021),中国著名农业科学家,被誉为"杂交水稻之父",中国工程院院士、"共和国勋章"获得者,于2021年5月22日在湖南长沙逝世。

袁隆平口述、辛业芸访问整理的《杂交水稻是怎样育成的——袁隆平口述自传》

世界农业作出了卓越贡献。

为何这部人物传记能够撰写成功，同时受到行业内外称赞？一是，此书采取了袁隆平口述的方式，客观再现了他毕生的奋斗历程及其丰富的内心世界。二是，这部自述体传记的捉刀者，是一位非常熟悉并经常跟随在袁隆平身边的人，即他的女助手辛业芸[①]。她不仅极为了解袁隆平的平时工作和生活，也洞悉其耿直的性格和为人。更为有利的是，她从1996年起担任袁隆平助理，长达25年之久，同时还是一位博士出身的水稻专家，在此期间，她与袁隆平朝夕相处，比起仅隔靴搔痒偶来采访的作家来说，确有天然优势。

袁隆平自述说，在1960年前后，我们国家有三年自然灾害加

---

① 辛业芸，湖南杂交水稻研究中心研究员、西南大学农学与生物科技学院兼职教授、国家杂交水稻工程技术研究中心高原繁育分中心主任，曾获第十一届袁隆平农业科技奖。

上人祸，闹大饥荒。当时吃不饱饭，那真难受啊，也有饿死了人的！我至少亲眼看见5个人倒在路边、田埂边和桥底下，真的是路有饿殍！那种凄惨的场景对我刺激很大，让我深切体会到了什么叫做"民以食为天"，没有粮食太可怕了！没有粮食，什么都谈不上。这成了他迈向成功的动力。

他受到农民的启发——"施肥不如勤换种"，采用孟德尔、摩尔根的遗传学搞育种，在科技创新的路上勇于探索。从1997年起，在不到20年时间里，他带领团队先后亩产达700公斤、800公斤到1000公斤，实现了水稻产量历史性的突破，被称为"杂交水稻之父"。2019年，他荣获国家颁发的"共和国勋章"。

一般人无不以为，科学家大都是呆板木讷之人。而追随袁隆平多年的辛业芸却十分清楚，袁隆平是一个兴趣广博之人，不仅精通英语，连拉小提琴、游泳、排球、象棋，也样样都会。他尤其酷爱读书，还特别喜爱阅读文史、地理和英文版世界文学名著。从另一角度来看，恰恰因执笔人辛业芸对传主的一切了然于心，这部自述才写得内容十分充实，受到不同年龄段的读者欢迎。

例二：《李光耀：新加坡赖以生存的硬道理》。

这一部较为成功的访谈录式的人物传记，是由《海峡时报》总编辑韩福光等八人集体所著。这不仅在新加坡引起反响，在国际上也受到广泛瞩目。在这部书内，李光耀不仅畅谈了一生奋斗的艰辛，更引人注目的是，还回顾了"新加坡模式"几十年来兴起的曲折历程。

李光耀深有感慨地谈起，为什么以这种访谈录的方式出版自传。他坦诚地说，一度想亲自动笔撰写回忆录，"我把写好的几

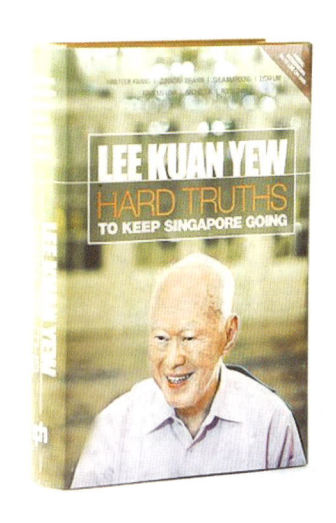

韩福光等著《李光耀：新加坡赖以生存的硬道理》

个章节给韩福光阅读，他回应我说，如果我以这个方式表达我的想法，年轻一代会说：'啊，又是老调重弹。'他和他的同事建议，由他们向年轻一代收集意见，把这一代人的疑惑综合起来，同我做个不设限的访谈。他们建议提问这些尖锐的问题，看我如何对答"[1]。

正为此，才有了这一部以访谈录方式创作的新颖的人物传记。

这部李光耀的人物传记，受到国际首脑及世界各界关注。美国总统克林顿和布什、美国国务卿基辛格、日本首相中曾根康弘、韩国总统李明博、德国总理施密特、法国总统希拉克等各国政要先后撰写了评论，且印在此书正文前边。不出所料，这部书在全球范围一时引起轰动。

---

[1] 引自韩福光等著《李光耀：新加坡赖以生存的硬道理》，Singapore：Straits Times Press，2001年第一版。

三
两部口述自传的一点启示

值得注意的是,《袁隆平口述自传》是由颇通农业且追随他多年并极为熟悉他的女助手辛业芸博士捉刀撰写。在她的笔下,不仅袁隆平那平凡而伟大的形象跃然纸上,农业科学知识也变得通俗易懂,同时也使读者感到如见其人、如闻其声。此书不仅成年人喜闻乐见,也深受少年学生的欢迎。

《李光耀:新加坡赖以生存的硬道理》,这部访谈录式的人物传记的特点是,由十分熟悉且追踪采访李光耀多年的八人团队撰写,使此书有了一定思考深度和可信度,也使世人进一步了解了新加坡经济发展的模式。另外,此书不仅摘录了美、法、德、日等国政要对此书的评介,还别出心裁地在书前辟出专页,摘录了"年轻人如何看待李光耀"——从二三十岁的各界精英,到二十岁出头的大学生,还有一位年龄最小的十五岁的女学生所写的观后感。这正是此书贴近青年一代,扩大读者群的一种优选方式。

这两部传记有一个共同特点,那就是由最熟悉传主的作者来撰写,尤其事先下功夫详细拟定了自述访谈提纲。另外,两书出版构思之细腻,亦颇值得其他传记作者和出版业认真借鉴。

[第二十一章]
老年人画传的撰写

老年人画传,不必过多渲染"走麦城",宜实写"过五关"。

祝寿的最佳礼品——老吾老,以及人之老。

如何撰写老年人画传,两种基本形式可供择选。

图文并茂,重在家和。

画传中尽量放入夫妻结婚照及全家福照片。若几世同堂,也要力求不遗漏一人,使全家和睦。

老年人画传，是送给老年人过生日的最好礼物。

近年来，在传主适逢高寿且欢度寿辰之时，为其制作一本精致画传，日渐成为一种品位和时尚。如何编写这种画传，方式各有不同。这里谨提供一些参考模式。

以己为例。笔者的老岳父在八十大寿前夕，家中几位子女为他专门制作了一本以照片为主的画传。老人极为高兴，比见到任何礼物都兴奋。这本画传不仅集中收录了老人自幼以来的各阶段经典照片，还把老人毕生在军队所获嘉奖以及军功奖章，全部拍照收录进来。

老人生日当天收到之后，反复欣赏许久，爱不释手，直至逝世

为笔者岳父祝寿制作的画传中夫妻合影

笔者岳父喜获中共中央、国务院、中央军委庆祝国庆七十年的奖章

笔者的岳父做寿之日，佩戴上了毕生获得的全部军功章

前仍时常翻阅。自然，这本画传也成了子女们终生怀念老父亲的纪念品。

一般说来，制作这种老年人的画传，通常可采用两种形式。

一

以照片为主的画传

1. 既然画传以照片为主，那就要把传主的照片从出生、幼年乃至成年以后一直到寿日之前，按照各个历史阶段，尽量搜集齐全。

（1）如果历史照片过多，便要精心挑选老人各个时期最具代表性的照片，而不能对于所有照片不加选择地全部收录。此后，还要根据历史照片内容依次作出文字说明，即包括照片拍摄时间、背景，以及当时的身份等。如果涉及重大历史事件，还需把历史背景交代清楚，这样看来就会一目了然。

（2）力求搜集齐全其成长各个阶段，包括学生时代的同学、老师，以及工作岗位的友好同事或战友的典型照片。

（3）若无特殊原因，尽量放入夫妻二人的结婚照片，如果没有的话，宜挑选夫妻合影照。如果老人有过几次婚姻，在挑选历史照片时，务必征求老人的意见，以避免诱发意外的矛盾或家庭纠纷。

（4）全家福照片。如果是几世同堂，也要力求做到不遗漏任何一人，若没有全家福照片，最好补拍一张，使好事办好，让全家人高兴。

2. 宜请老人为画传亲笔撰写前言或后记，可以打印也可原笔迹复印。后者也许效果更好一些。

3. 如果老人生平喜爱收藏文物等，可以在画传中适当配上传主喜爱的旧物件的照片，以作纪念。如果传主喜欢京剧或戏剧，则可邀老人去照相馆拍摄一幅戏装照片，放入画传或挂在家中。如果传主喜欢书法或绘画，还可以在画传中加入老人的书画作品并作介绍说明，使画传充分展现文化特点，更具历史价值。

4. 倘若亲朋好友之中，有老人喜爱的书画家或作家，还可以邀其为此画传作序或题写封面，使之不同凡响，更具个性化。

二 以文字为主的画传

比较而言,以文字为主的画传,显然与以照片为主的画传截然不同。编写时需注意以下6个具体问题:

1. 事先把传主的一生研究透彻,客观地分成几个历史阶段,再以简洁的文字概括其正面事迹。然后根据人物特点,配上符合当时历史状况的照片,力求生活化。

2. 对于传主生平的记述尤其是评价,要力求客观。为高寿老人所撰画传,切不可罔顾事实,一味过分拔高;编写画传时,宜避免事涉重大政治事件,如非写入不可,则应以国家正式确定的提法为准。

3. 传主的画传并非国家的正史,只是作为老人祝寿的礼物。所以,行文当中不必过多着墨渲染"走麦城"之事,宜实写"过五关"。同时,也要尽量不提及其生平错误,以免惹起传主反感,使好事变成坏事。

4. 画传尤应避免提及往日伤感之事,譬如前妻、前夫、婚变及有争议的财产等。若提及或配历史照片,应征得传主同意为妥。在这方面,有无数现实例证可资参考。应谨防激化家庭矛盾,诱发意外事件。

5. 画传初成,最好请传主过目,审查把关,也可邀家人一起探讨,以免出现重大讹误。

6. 画传若收入珍罕历史照片,宜由照相馆或专业人员制作;若传主交往范围较广泛,画传可制作少量精装本及简装本两种规格，力求大方节俭。

如有必要，还可以运用数字方式或云储存等各种先进方式，如实记载下老人的一生形象，留存下来传诸后人。

[第二十二章]
儿童画传的撰写

这是一项极易被忽略的内容。其实,撰写个性化的儿童画传,已然成了新兴的传记题材。

幼吾幼,以及人之幼。不可忽视的儿童,岂可或缺的选题。

四点小提示,襄助写好儿童画传。

幼童教化,功德无量。

撰写个性化的儿童画传,亦是家庭幼教的一种良好方式。

在人物传记撰写中，这是一项极容易被忽略的内容。

如何撰写儿童画传，已成了一门亟待开发的学问。数十年来，中国的独生子女政策使大多数家庭仅有一个孩子，他们成为不可替代的"小皇帝"。不少家长穷尽心思培养孩子，甚至从胎教开始，便记录孩子一点一滴的成长过程，以促使孩子有朝一日成"龙"成"凤"。这成了中国近年来的一道独特的家庭"风景"，亦是家庭幼教的一种良好方式。

如何客观而科学地记述孩子的成长过程，倒是有必要把一些成功的方法推广，以免家长走弯路而事倍功半。

一
胎教

以往中国人对于胎教重视不够，而欧美国家则很早便注意到了。其实这一阶段，对于孩子发育有着至关重要的影响。一般来说，轻松悦耳的音乐，有助于孩子智力及平和性格的发育，而长期刺耳的噪声，则有害于胎儿的发育，这显然是已成定论的。

譬如，有的家长从胎教开始，便有意识地让孩子在母亲腹中多听一听轻松的音乐及外文或外文歌曲。实践证明,孩子长大之后,接受音乐和外文教育便较为容易,有利于孩子在学生时期扩大学习的范围。

二
生日

有的家长从孩子出生起,就经常到医院为孩子定期检查身体状况,同时测定其DNA并客观记录下来。每逢孩子的生日来临时,都回顾总结一下一年来的各方面情况。无论是孩子身体发育还是智力成长,都留下必要的记载。

尤其是DNA检测,对于孩子终身防疫和健康,都有重要影响。记录并留下DNA检测数据以及图像,也是儿童画传的重要内容,且有着十分重要的实际意义。

三 照片

在孩子出生之后的每一个阶段，家长都留心拍摄下其照片形象。但注意不要在孩子出满月之前频繁拍照，这样容易影响孩子的视力发育。待孩子长大之后，可以印制一本儿童画传，闲暇时回顾其幼年成长，激励孩子愉快成长，也是一件蛮有意思的益事。

四 音像资料

岁月如流水，逝去便无法返回。为孩子留下各个阶段的音频和影像记载，是一个美满家庭应该考虑到的。

建立一个有意义的孩子的成长日志，不仅是一个美满家庭的记载，也是激励孩子成长的标志性益事。可以由家长用手机拍摄婴儿从出生到成年，每一步成长过程的录像，剪辑成幼儿传记片。这有助于孩子长大以后，回过头来追忆过去，以创造美好的未来。

从怀孕开始记载母亲和孩子的发育过程，还可以有侧重地记载孩子出生后的病历，这对子女的一生成长都有至关重要的作用。实践证明，长大后尤其是老年时的病症，往往和幼年成长的经历有关。留下一份童年的健康状况或病历记载，有助于孩子一生的健康成长。

考虑到视频记录体量较大，可运用高科技的数字方式或云储存方式，形象地记录下孩子成长的过程，长期留存下来。

当今，随着全球乃至中国人口老龄化日益突出，儿童与老年这两部分群体，渐渐形成了两项重要的文化产业。毫无疑问，儿童是社会的未来，为儿童作传（包括画传），不仅有利于家庭，而且有益于广大民众和社会。

[第二十三章]

人物传记与传记影片

辞典定义未必准确——人物与"杰出"无缘,就真的不属于传记影片吗?

在历史演进过程中,除了重要历史人物外,平凡人物或许也起到了关键性作用,这难道无须人物传记和传记影片去反映吗?

艺术可以虚拟,但历史人物绝不能虚构。

不一定准确,却耐人寻味——"50后看思想,60后看人生,70后看文化,80后看明星。"

拍摄真人真事尤其是历史人物的传记影片,岂能"移花接木"或"李代桃僵"?仍须坚持四个字:实事求是。

多年来，传记文学的范畴似乎未包括传记题材的影视片。对此，各方重视不够，也略嫌研究不足。

一
值得推敲的传记影片定义

何为传记影片？《中国大百科全书·电影卷》中，正式定义为：

"以历史上杰出人物的生平业绩为题材的一种影片。传记片与一般故事片不同，在情节结构上受人物事迹本身的制约，即必须根据真人真事描绘典型环境，塑造典型人物，传记片虽然强调真实，但须有所取舍，突出重点，在历史材料的基础上允许想象、推理、假设，并作合理的润饰。传记片以真切生动的细节刻画人物，使观众在银幕上看到一个完整的、栩栩如生的历史人物形象，起到独特的教育作用。优秀的传记片由于翔实地叙述历史事件和历史人物，因此具有史学价值和文学价值。"

《中国电影大辞典》对传记影片的定义，概括得更为精练：

"以历史上杰出人物的生平业绩为题材的影片。主要情节受历史人物事迹的制约，不能凭空虚构，但允许在真实材料的基础上作合情合理的添加和润色。优秀的传记片具有史学和文学价值。"

显然,以上两种定义,都一致地把传记影片概括为"真人真事",这是毫无疑义的。但同时又把"杰出人物"作为传记影片的前提,那么问题就出现了:

一是,把历史上相当一部分中间人物或复杂但起过重大历史作用的人物排斥在外。

二是,把普通人物即工农兵等平凡人物,全部剔除出去了。

三是,把所谓反面人物统统屏弃在外。

如此看来,这两部辞典的定义显然不妥,也不符合传记影片的历史和现实状况。

不确切的定义,自然受到了有关专家的质疑:"川岛芳子、溥仪、婉容、李莲英、卡萨诺瓦都是著名人物,但却与'杰出'无缘,有的还正处在'杰出'的反面。那么,这些影片就真的不属于传记影片吗?"[①]

在历史演进中,除重要历史人物,凡人小事或工农兵等平凡人物也许起到了关键性的作用,这难道不需要传记影片去反映吗?显然,这也是值得探讨的一个并非纯理论的重要问题。

[①] 引自程敏《万花丛中的一点奇葩——浅谈中国历史人物传记影片》,中国青年出版社,2012年第一版。

复辟登基的溥仪

溥仪和末代皇后婉容旧照

被枪毙的汉奸川岛芳子女扮男装照片

二
《武训传》引发的深思

客观地看，人物传记的一项重要内容或表现方式，便是传记影视，这是当今影响最大、受众面最广的立体传记文学内容。

近年来，有关人物传记题材的电影和电视剧，越来越受到广大观众的欢迎。相反，在娱乐生活多样化且选择性日益丰富的情形下，能静下心来阅读大部头传记的读者群正日渐缩小，这是必须面对且不容回避的实际问题。

我国人物传记题材的电影，最早可以远溯到民国时期。1921年上映的电影《阎瑞生》，是商务印书馆资助拍摄的中国第一部人物传记影片。这部电影依据发生在上海滩一件凶杀案的真人真事，讲述了洋行买办阎瑞生勒毙上海名妓、曾被选为"花国总理"的王莲英的前前后后。由于此案在上海滩引起了轰动，这部电影也随之声名大噪。这是中国电影史上堪称成功的一部人物传记影片，称之为"发端"是无可争议的。

引人深思的是，新中国成立后，一位名叫孙瑜的导演在受到批斗前后，拍摄了两部截然不同的人物传记电影，也引起了轰动。1950年，人物传记片《武训传》拍摄完成，成为新中国人物传记电影重要的代表作品。此片通过晚清末年山东农民武训依靠乞讨兴办义学的真实故事，力图说明要以武训"做榜样，心甘情愿地为全世界的劳苦大众做一条牛"①。孰料，半年之后，这部

---

① 引自程敏《万花丛中的一点奇葩——浅谈中国历史人物传记影片》，中国青年出版社，2012年第一版。

电影竟被《人民日报》以社论形式进行批判：根本不去触动封建经济基础及其上层建筑的一根毫毛，反而狂热地宣传封建文化，"容忍这种歌颂，就是承认或者容忍污蔑农民革命斗争，污蔑中国历史"。

谁知，孙瑜在受到批判之后，很快与著名导演郑君里合作，将武训故乡的历史人物——农民起义领袖宋景诗拍摄成另一部人物传记影片。据后人分析，这位导演以艺术的形式检讨了在《武训传》拍摄上的所谓"改良主义"和"投降主义"。他相继拍摄了两部在中国传记电影史上留下重要影响的作品，也可称作"种瓜得豆"吧。

"文革"前，我国成功拍摄了《林则徐》《李时珍》《聂耳》《董存瑞》等具有鲜明时代特征的人物传记电影，其特点是力求贴近历史，真实反映人物的鲜明特点。

改革开放以后，中国传记电影出现了高潮。中、意合作拍摄的人物传记片《末代皇帝》，成功塑造了不同的历史人物，遗憾的是，这部电影在史实描述上有不尽如人意之处。譬如，编造溥仪从苏联回国途中一度自杀——把溥杰的内心想法强移在了溥仪身上，还有溥仪在"文革"中受到批斗等虚假情节，想当然地臆造了溥仪的一些人生细节。

三
对真实人物的影视或戏剧改编，岂能"移花接木"或"李代桃僵"

近年来，笔者曾不止一次遇到过类似事情。一位编剧欲将笔者所著《末代太监孙耀庭传》一书改编后搬上银幕或戏剧舞台，对此，笔者并不反对。孙耀庭的人生经历非常传奇，他幼年入宫，先后伺候过端康皇贵太妃和皇后婉容等人，且亲历溥仪被赶出故宫等历史事件，还远赴伪满洲国伺候过溥仪，新中国成立后，亲历"文革"及改革开放等历史阶段。他已然成为反映中国百年历史巨变的特殊"见证人"。

然而，编导还想深入"挖掘"传奇故事，执意把老太监入宫提前到辛亥革命以前，还打算让他参与起草溥仪逊位诏书等莫须有之

溥仪的四弟溥任先生等致有关部门，反映不应编造关于载沣史实的亲笔信（贾英华 收藏）

事，以增添老太监的传奇色彩。这明显违背了人物传记的真实性。

　　艺术可以虚拟，但历史人物不能编造，历史事件更绝不能虚构。对于历史人物真实经历的虚构，笔者始终不肯苟同。笔者认为，如果写真实人物，就不能随意编造，历史细节也应经得起推敲。如上所述，溥仪逊位诏书的起草人早有定论，非要生拉硬扯地把历史上这一笔硬记在老太监头上，难免滑天下之大稽。

　　笔者并不笼统地反对电影或戏剧中的虚构，这或许出于艺术的需要，但应当对观众明确说明这不是真实的历史，而是艺术创作。如果把两者硬扯在一起，形成非驴非马，这便违背了传记文学真实性的原则。

四
丁荫楠导演拍摄传记影片的三点体会

　　改革开放以来，著名导演丁荫楠相继执导了《孙中山》《周恩来》《邓小平》《鲁迅》《启功》等一系列传记文学影片，在观众中引起较大反响，也在中国传记文学电影史上留下了不可磨灭的一笔。丁荫楠在与笔者多次交谈中，曾诚挚地谈道，拍摄真人真事尤其是伟大的历史人物，要坚持四个字：实事求是。说起来容易，做到这一点又是何其难矣。

　　近日，当中央电视台中文国际频道再次播出"向经典致敬"——丁荫楠导演时，他再次谈起拍摄传记电影的体会，颇有见地：

其一，首先是人物传记电影选材，非常关键。一定要选择时代顶尖的杰出人物，不然没有拍摄价值，既要有观赏价值，更要有历史价值。使电影的主角，让广大观众欣赏后，能永远留在心里才行。

其二，要围绕传记人物的一生，把最精彩的几件大事写成剧本，只能是删去枝权的"干枝梅"。在写剧本时就要想到造型先行，包括一个个看得见的细节，小到局部，细到一个戒指，在电影中起到什么作用。

电影情节要靠造型表现。在了解人物全貌之后，要提炼出对其独特看法，而不是人云亦云。譬如孙中山，在历史上是个越战越勇、越挫越奋的革命者，但遗憾的是是个失败的悲剧式的革命者。再如，周恩来是为人民鞠躬尽瘁，死而后已。要在剧本扎实的基础上，造型叙事。充分

著名传记影片导演丁荫楠

展现人物的性格，语言、风格，利用电影艺术空间，塑造独特的人物形象。

最重要的一点，剧本要突出人物一生的中心事件，即矛盾冲突中的精彩情节，而且人物必须体现一个个高潮，构成他几个辉煌时刻。像黄继光堵枪眼的壮烈行为，不是写出来的，而是他做出来的。为突出塑造人物，其他次要人物只能起陪衬作用。

其三，导演是在一个个镜头中，重点刻画人物的心理以及关键时刻的心理瞬间。有关主要人物的镜头的"黄金停顿"，便是他的思想升华、心理升华、感情升华的空间。这也要利用"远全中近特""推拉摇移"，精心提炼出拍摄镜头，非常细腻地表现他的心理过程——宏大叙事当中的细节，这就是诗画风格。

我拍摄电影的不同之处，就在于一般导演大多侧重叙事，譬如七七事变、开国大典的来龙去脉。我更多的是刻画人物的内心独白，他究竟怎么想的。一切情节，都是为了抒发内心情感。一位扫地工人，看了我拍摄的电影《孙中山》，直言孙中山太不容易了！可见影片与普通人产生了共鸣。这就是人性。

优秀的传记电影，并非简述人物发生事件的过程。重点在事前和事后，刻画主人公和其他人物的心理活动，要精心提炼并形成独特的叙事风格。充分利用电影的声光色，镜头运动，包括色彩、光线，撞击彼此的心灵。譬如下雪了，写人物的惆怅；下雨了，写人物的思念；太阳升起来了，写人物的愉悦心情。所有一切造型，都为人物的心理活动服务，形成一种巨大的冲击力。这样形成一种共鸣，才能感染观众。我拍摄的电影始终牢牢地把握着所有一切可以调动的手段。

丁荫楠导演拍摄传记影片的理念，给传记人以启迪。

五
传记影片和传记纪录片市场方兴未艾

近年来，优秀传记影片层出不穷。由著名导演陈凯歌执导拍摄的《梅兰芳》上映不到两周，票房便已过亿；香港导演叶伟信执导

《末代太监重游故宫》拍摄现场（右二为贾英华）　　笔者拍摄的《末代太监重游故宫》纪录片海报

拍摄的《叶问》和《叶问2》票房更是达到了2.3亿；胡玫导演的《孔子》票房也突破了亿元大关。对此，媒体评论说：

50后看思想，60后看人生，70后看文化，80后看明星。

这给世人不少启发，即有关真实历史人物的传记电影，如果拍摄构思得当，同样能够取得社会和艺术成就的双重成功。这对于传记文学创作来说，也许不无启示。

显而易见，如果对真实历史人物任意虚构，必然受到世人唾弃。笔者手中收藏着一份溥仪弟弟溥任和妹妹联合署名致信中央有关部门，要求制止一部虚构爱新觉罗家族人物的电视片拍摄的亲笔信件。后经国家广电总局明令禁止，此片未能拍摄。这反映了已成为公民的皇族成员对任意虚构历史人物，是极为反感的。

在世界范围内，以真实的影像记录真实历史人物的心路历程，乃是立体形式的人物传记纪录片，也同样受到观众热捧。

多年前，笔者几经周折，拍摄了末代太监孙耀庭去世前重游故宫的纪录片——《末代太监重游故宫》，受到世界各国广泛关注，被称为不可多得的珍贵的立体人物传记。如今想来，仍觉幸甚，或许这就是历史的缘分。

[第二十四章] 传记文学作品的权益保障

有如骨鲠在喉,不吐不快。知识产权乃全世界关注焦点,与传记作者权益休戚相关。自身体会,似可作前车之鉴。

人物传记作品的改编须经授权。其实这在国际上,乃是一个常识问题。

传记作者的合同,不可小觑。即使出于善良本意,也绝不能以感情替代法律。

但愿法律成为人物传记创作的保护伞。

站在对历史负责、不可误导后人的角度——侵权或可视为"苍蝇";歪曲历史则成为不可忽视的"恶虎"。唯有双管齐下,才可维护人物传记创作的一方净土。

必也正名乎。自古以来，上自皇帝，下至百姓，莫不关乎此事。俗话说：名不正，则言不顺，言不顺，则令不行。署名问题，关系极大。

一 关于人物传记作品的著作权及署名

目前关于人物传记作品的著作权及署名，分歧较大，大致有以下几方面的问题。

1. 职务作品

按照著作权法的规定，作者对独立创作的作品，依法享有著作权。两人及以上合作创作的作品，著作权由合作作者共同享有。有些领导人的秘书为领导撰写自传或传记，秘书是否享有著作权，存在争议。有的人认为这属于职务作品，作者不应当享有著作权；有的人认为，按照著作权的规定，作品撰写者或执笔人理所当然享有著作权和署名权。

在现实中，即使是秘书为领导撰写传记，除事先另有合同约定著作权的归属外，作者仍应享有著作权，受中华人民共和国著作权法的保护。

2. 自传作品的著作权问题

如果自传系传主自己动笔撰写，毫无异议，著作权和署名权自然应归传主本人。但自传若由领导人的秘书或下级代笔撰写，难免会出现著作权和署名权等问题。

在动笔之前，如果有一份按照中华人民共和国著作权法起草的合同，便能解决所有可能出现的问题，包括署名权、修改权以及稿酬分配等问题。著作权属于知识产权，如不明确，还可能给下一代带来知识产权继承的问题。

3. 口述作品的著作权问题

一般来说，口述人和执笔者可以按照约定和实际情况，在署名上分别写明：

某某口述，某某整理；

某某口述，某某撰写；

某某口述，某某执笔；

某某述，某某执笔、整理；

某某述，某某撰（注：这里所指"述"，包括口述以及提供部分文字资料）；

某某、某某合作撰写。

以上几种署名方式，大致包括了实际发生的情况。至于稿酬分配，可以按照实际劳动，把分配比例写入合同。另有一些复杂情况，如果一时无法详细纳入合同，还可以在人物传记出版的前言或后记中写明。

笔者所撰写的《末代皇帝立嗣纪实——宣统皇帝有无龙种传世》一书，出版前几经商议，在征得传主毓嶦先生同意，又与出版社反复商量之后，决定署名为：贾英华撰，毓嶦述。这样，既体现了撰写者的劳动，也明确了著作权的归属问题。考虑到老人在经济上较为困难，笔者把合同约定的稿费，全部让给了毓嶦先生和他的家人，皆大欢喜。

因顾及毓嶦先生在世时对一些历史问题比较敏感，笔者遂又与他签订了另一份合同，约定当笔者再以第三者角度重新撰写一部关于毓嶦生平的人物传记时，由笔者单独署名。在征得各方同意的情况下，对照片的使用等问题，也一并写入了合同，避免了此后可能发生的纠纷。

二
人物传记作品的权益保护

按照著作权法规定，著作权人所撰写的作品不仅在其在世时受到保护，在其逝世后50年内仍然由继承人享受其经济权益。也就是说，作者逝世后50年内，其著作权仍然受到保护，在此之后，作者的著作权才进入公共领域。

20世纪90年代初，《家庭》杂志开始连载关于末代皇帝溥仪的传记文学作品，颇引起社会关注，其中一篇《末代皇帝的情敌》

贾英华胜诉的《末代皇帝的后半生》著作权案，已写入大学、中学教科书

　　法院经过审理，做出判决：贾英华在创作《末代皇帝的后半生》一书过程中，通过长期搜集、整理，获得了对溥仪生平的广泛了解，以此构成了其书主要内容，这些内容不是抄自李淑贤与王庆祥的作品。创作历史人物传记作品，当需要表现特定历史人物活动的客观真实时，都不可能凭空杜撰，由此造成原、被告所著之书在记述人物、时间、事件等内容时所反映的客观史事和所利用的史料部分相同，不能作为抄袭的依据。贾英华所著之书在创作风格、文学处理等表达形式上亦体现了自己的特点，表明了其作品的独创性。李淑贤与王庆祥并不能证明这些表现形式属其独自所有。故对贾英华抄袭的指控不能成立。

写入大学、中学教科书的人民法院判决

引起了较大反响，经询问才知是一名在校大学生的投稿。笔者听说之后，找到这本杂志，发现这是抄袭自笔者刚再版不久的《末代皇帝的后半生》一书。经联系之后，《家庭》杂志中止连载，并发表了"致歉"。

诸如此类的抄袭情况，屡见不鲜。因笔者撰写的"末代皇帝系列"十几部图书受到读者欢迎，一些地方报刊包括海外报刊未经笔者同意，随意连载或摘登的情形，亦时有发生。

近年来，兴起了一种摘编成书的风气。一些不法书商，从笔者的"末代皇帝系列"图书中，随意摘录内容，拼凑成书兜售。一些出版社甚至以"历史解密""披露真相"作为书名，把笔者的"末代皇帝系列"图书内容，重新编辑剪裁成书。固然此乃市场经济的"钱"字作怪，但知识产权意识淡薄亦是重要原因。

一位出版社的编辑也编了类似的一本书，被笔者发现之后，费尽周折找到笔者家道歉。当笔者听说这位编辑是一位从贫困农村走出来的才子后，甚感遗憾，接受了他的道歉而放弃了法律追究，以免毁了这位"年轻才俊"的前程。

一些不法书商"编纂"成风，影响了人物传记的正常出版，败坏了出版界的风气，也是值得重视的社会问题。

三
改编人物传记作品须经授权

这个问题,在国际上其实是一个简单的常识问题。然而,由于我国施行著作权法较晚,离发达国家尚有一定差距,经常出现未经授权擅自改编的现象。例如,不止一部影视、戏剧作品从笔者所著"末代皇帝系列"中大量剽窃,根本未购买改编权,在剧本及"海报"等处也未标明改编自何处及来源。

应当指出,影视、戏剧作品改编人物传记作品而不标明原著,很容易陷入侵权纠纷。国际上始终对此极为慎重,总是事先购买人物传记的改编权。尤其对重要历史人物,大多涉及独家授权以及相关法律界定问题。

对此,笔者深有体会。在笔者的手里,至今存有几个依据笔者的"末代皇帝系列"图书改编的影视剧本,但均未标明是根据笔者的人物传记作品改编,这显然属侵权之作。其中有一个关于"末代太监"的影视剧本,当笔者找到制片人时,他说电视剧马上就要开拍了。

看过剧本后,笔者坦诚地告诉他:笔者写的这位末代太监的经历是独特的,瞎编是编不出来的,譬如进宫的过程细节以及清末宫廷的各种规矩——并经笔者考证,别的书里根本没有。可能后来导演拿到笔者的书与剧本作了对照,此后这部电视剧泡了汤。

另一部关于末代人物的图书,经与导演几次沟通,之后再也没有音讯。几个月后,一位朋友从这位导演处听说,剧本已差不多完成了,没采用笔者写的人物传记改编,而是用各处"扒"来的资料，其理由是，写这位晚清人物的并非只有笔者。

于是，笔者请朋友带信给那位导演，请他再对照笔者那部书的情节，是否有众多雷同之处。因为虚构的只能是小说，也不必用历史人物的真名实姓。若非虚构之作，那么笔者这部书描述的情节是独特的，此剧本难免涉嫌剽窃。不出所料，那个剧本之后也同样没了下文。

多年以来，此类侵权不胜枚举，疲于应对，苦不堪言。

2013年6月，拙作《末代皇帝的非常人生》图书获中国传记文学奖，笔者同时得知北京一家知名剧院拟排演溥仪后半生成为公民的戏剧。为此，笔者与溥仪弟弟溥任先生的代理人先后三次致信该院领导，以避免可能发生的著作权纠纷或"戏说"。溥任先生的代理人郑重表示，溥仪成为公民，是一个重大政治题材，皇族明确反对任意虚构或"戏说"，但始终没得到任何回音。笔者作为《末代皇帝的后半生》及《末代皇帝的非常人生》《末代皇帝最后一次婚姻解密》等十几部"末代皇帝系列"作品的作者，同时又是第一个整理溥仪日记、手稿以及溥仪遗孀李淑贤回忆溥仪后半生的原始执笔者，几十年来采访过三百多名溥仪的知情人，所创作的作品翔实地描述了溥仪后半生的公民生活。剧院如排演溥仪后半生的戏剧，宜十分慎重，理应按照著作权法，先购买原著改编权再进行创作，否则，便很可能发生侵权。

近年来，一些影视、戏剧作品，出现了不少非"原创"而东拼西凑剧本的剽窃现象。如果这种侵权行为不受到社会谴责和法律的制裁，势必出现越来越多不购买原著改编权而"改编"的侵权影视、戏剧作品。

面对时常可能出现侵权的著作权官司，笔者感觉实在太累。多年以来艰辛撰写的传记文学作品，居然多次深陷诉讼之中——虽然无一不胜诉，但仍颇觉大有堂吉诃德时不时大战"风车轮"的自嘲意味。

站在对历史负责、不误导后人的角度——侵权或可视为"苍蝇"，歪曲历史却成为不可忽视的"老虎"。唯有双管齐下，才可维护人物传记影视、戏剧创作的一方净土。

四
依法、依规、依照合同保障传记作者权益

大凡传记作者，时常遇到与他人或机构签约合作的问题。此事须依法依规，绝不可忽视。

一是，在律师把关的前提下，签订合同。在合同上，应加盖公章并有负责人签字。

二是，重要的合同最好经过法律公证。

三是，在合作过程中，不可轻易变更合同。

这里仅举一例，也是笔者的一个教训。前几年有一个剧组拍摄晚清历史题材电视剧。鉴于事涉晚清历史背景、人物以及风俗、礼节及服装道具等较为复杂问题，拟聘请一位晚清历史顾问。剧组先后找过几位历史专家被婉拒，最后找到笔者，态度诚恳地询问笔者有什么要求。笔者只提出一条，合同当中必须有纳税条款，且须明确支付著作权费是"税前"还是"税后"。剧组坦诚相告，投资中

尚未有税款这一项，笔者特意提出，需付足税款之后才能签约。

直待投资方付足税款后，投资方董事长和导演才又到京与笔者签订了"历史顾问聘请服务协议"，其中明确由制片人具体执行。笔者经反复审读剧本后，提交了约一万五千字的书面"审读建议"，对剧本所涉近百个问题分别提出了具体修改意见。合同中规定，历史顾问需至少七次赴现场指导，而笔者在拍摄现场与导演同吃同住十天十夜，依据审读建议配合剧组现场把关，整个过程合作愉快。

孰料拍摄基本结束后，制片人打来电话，要求笔者补交税款。笔者当即答复，协议写明是"税后"，制片人竟然说，从没签过税后协议。笔者历来极力避免语言冲突，转而电告投资方，请提醒制片人再查看一下协议规定的"税后"条款，即由剧组代扣代缴个人所得税款，笔者所得即扣除个人所得税后的净款。

不久，制片人又与笔者通话，一再陈述其走税的工作室将很快撤销，转请投资方支付笔者尾款并代扣代缴最后一笔尾款税，请笔者理解其难处并在终止协议上签字。笔者自然懂得规则，一般项目岂有临结束之际终止协议的道理？如改变协议，也须同时在另一续接协议上签字才生效。而寄来的终止协议关于尾款支付的表述，则是另行签署合同。这样"税后"的概念，很可能变成"税前"。然而，在剧组一再催促下，笔者明知吃亏，出于善良和理解，勉强同意并签了字。幸好，投资方寄来的终止合同上，写明此前已发生的顾问费是"税后"。

违反常规的善意，很可能会带来不良后果。转过年，制片人与笔者通话，又以税务局要求补税为由，让笔者补交已支付顾问费的税款。还说什么某些明星漏税受到惩罚，甚至声称其事先就不同意支付如此数额的顾问费等与协议相悖的话。笔者明确回答，此事依法、依规、依照合同（协议）。过了许久，其工作室也没撤销，开始了扯皮。

须强调指出，笔者由剧组代扣代缴的不是劳务税而是著作权税（国家对著作权税率，有明确规定）。因为笔者做出的是具有完整著作权意义的"审读建议"，在拍摄现场监场并履行历史顾问职责，缴纳的应当是著作权税，不应有任何歧义。

传记作者时常会遇到，剧组由所谓某工作室"走税"之事。对此，应当首先审查其工作室有否"代扣代缴"税的资质。其次，须明确税种——传记作者一般不宜按个人劳务缴纳税款，而应当按著作权税率缴纳。最后，凡与工作室签订"税后"即代扣代缴税的协议，即不存在再由作者补税问题。因为所有工作室都是依法且按市场规则执行，若税务部门降低了税率，工作室是否会向投资方及顾问等方面返还税款？人情不悖法理——这显然不合法理也不近情理。

对于此事，笔者的教训是：应当坚持依法行事，任凭对方提出任何法外理由，也不能同意中途终止协议，否则会带来一系列复杂问题。笔者这个教训，旨在向传记作者提醒，凡与对方签订合同或协议时，须在其中明确四条原则：

1. 如果对方不执行合同或擅自修改合同，违约方需要支付守约方总合同金额20%的违约金。

2. 违约方自逾期之日起以合同价款为基数，按照每日万分之五标准支付守约方违约金。

3. 违约金不足以支付守约方实际损失，违约方应当赔偿守约方所有的实际损失。

4. 合同生效后，如果一方违约，违约方除应当承担违约责任，支付违约金以外，还应当承担守约方向违约方主张权利所产生的一切费用，包括但不限于律师费、诉讼费、公证费、鉴定费等。

在保障传记作者权益以及纳税问题上，签订合同或协议时宜请律师把关并作法律公证。务必依法、依规、依照合同，而不能以简单的善良情感替代法律。

[第二十五章] 当今人物传记创作的几种趋向

号称真实的"人物传记",却不时出现编造之嫌。但自称虚构的小说却往往透露出历史的真相。此乃小说的殊荣,却是传记文学的悲哀。

人物传记趋利日渐突出,重点乃"三风"。个别传记甚至造假,危害极大。

倘问路在何方,应知当下行情。

五种趋向告诫——切忌盲人骑瞎马,夜半临深池。

"观乎人文以化成天下。"文化兴则国家兴,文化衰则国家衰,文化亡则国家亡。作为文化重要一翼的人物传记,须作为一件对历史负责的大事来重视对待。

毫无疑问，近些年来，中国人物传记创作渐渐趋于客观，整体形势不错，但也存在一些明显的问题，主要表现在文化多元化，以及市场经济带来的趋利性。

当前撰写人物传记存在的突出问题之一，就是带有明显的功利性和趋利性。号称是真实的"人物传记"，尤其是带有趋利性的相当一部分图书的细节，不时出现编造之嫌。而自称虚构的小说，却往往透露出历史的真相。对此比例，笔者未做过统计。这是笔者接触人物传记多年来看到的一个不争的事实。此乃小说的殊荣，确是传记文学的悲哀。

一
趋利性的"三风"

目前，人物传记撰写的趋利性日渐突出，主要表现为以下"三风"：

第一，为所谓各级"领导"作传。其间，人为编造父母官业绩的不是个别情况。目前为国家领导人作传管理得比较严格，须经有关部门批准才能出版。但为地方领导作传并未推出相应的管理措施。历史证明，当代人为当代人作传往往存在弊端，沉淀的历史才是真正的历史。

第二，为所谓当代"名人"作传。首先需要界定什么是名人，对历史和社会确有贡献的名人可以作传，对所谓的当代"名人"就不宜作传。

第三，为所谓历史"名人"作传。假冒历史名人后裔的并非个别现象。在每年出版的数万种图书中，无不夹杂着这类作品。有一部已出版的人物传记，对一位大人物赴某地视察，耗费颇多笔墨，实际上，作者所描述的这位大人物根本没去过那个地方。但他又为什么这样写呢？对此，他反倒振振有词：改革开放时期领导人讲过类似的话，就可以搁在他身上。事实上，这是小说的表现手法，人物传记岂能如此张冠李戴？历史细节非常重要，任意编造历史且理直气壮，是十分可笑的。

以上"三风"往往带有明显的趋利性。两千多年前，孟子便提

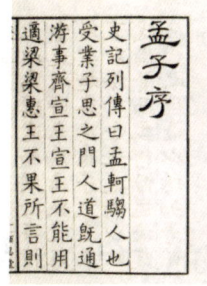

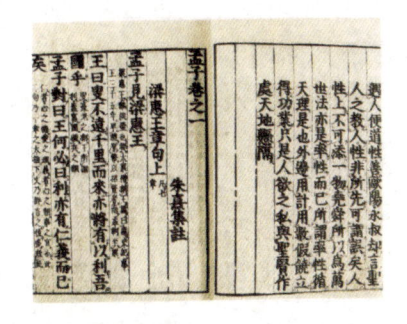

《孟子》的两种版本

出"民为贵，社稷次之，君为轻"的儒家学说。其本意强调的是，普天之下，人民利益最为重要。尽管如此，官本位思想在中国社会中仍然占据着重要位置。当社会上一部分人的最高目标是如何当官、升官时，社会生活中一切以"官"为根本，而不是一切以"民"为根本的"官本位"文化，便可能影响整个社会。

二
人物传记创作中存在的主要问题

当今在人物传记创作中，存在的主要问题是：

第一，个别人在传记细节上虚构，影响不小，危害极大。写传记的，审传记的，出传记的，都不能纵容虚构。笔者不主张在细节上虚构。因为细节最能打动人，最能让人涕泪横流，之后发现竟然是假的时，岂不成了笑话？

第二，虚构人物的经历，连履历都可能造假。出版社不能助长此风，新闻出版、人物传记学会等机构更不能助长此风。

第三，个别作者将历史人物的照片进行拼接。其实，他们根本没见过所撰写的历史人物，硬是通过照片拼接，做成了合影照片，竟还坦然印于书内。

第四，个别传主极力编造并渲染与某位历史名人的血缘关系。有的传主还强拉硬扯自己是某位领导人的亲属，甚至跟重要历史人物有某种关联,却没有任何证据支撑。

大凡社会制度背后,必有一定的社会文化来支撑。当前,"官本位"观念依然盛行。在某些人眼里,"官"依然是"绝对权力"的象征。古代民众历来把国家兴衰寄托在明君和清官身上,"人治"成为一种大众心理定势,已然根深蒂固。

树立公民意识,使社会从"官权"本位转变为"民权"本位,国家才大有希望。美国总统托马斯·杰斐逊的墓志铭上仅镌刻着三行字,也许能为世人带来某些启示:

美国《独立宣言》起草人。

《弗吉尼亚州宗教自由法令》执笔人。

弗吉尼亚大学之父。

显然,墓志铭上对他当过美国总统之事,只字未提。

再举一个例子,"官本位"思想古已有之。我国古代"医圣"张仲景的墓碑上仅镌以"长沙太守"四个字。一个小小的地方官,怎么能和"医圣"相比?这是外国人怎么也想不通的。

中国传记创作的现实状况是数量多,但情况堪忧,主要问题是假书、假事泛滥,乃至完全造假。众多良莠不齐的图书使得库存居高不下,有的图书刚印出来就被拉走化为纸浆,造成了巨大浪费。

"观乎人文以化成天下。"(《易经》)一个国家真正兴衰与否,要看文化。文化兴则国家兴,文化衰则国家衰,文化亡则国家亡。

所以,作为文化重要一翼的人物传记非同小可。人物传记,是中国历史皇冠上的一颗璀璨明珠。应该杜绝编造假人物、假历史、假事迹,将人物传记的撰写及出版,作为一件对历史负责的大事来重视对待。

三
传记作者应坚守的一条底线

实际上，人物传记存在的最主要问题在于作者本身——如何不沦为权力和金钱的奴隶。立身有本，作传求真——视"真实"二字为人物传记的生命，这是传记作者应该坚守的一条底线。

在坚守底线的前提下，实践、实践、再实践，才谈得到撰写好人物传记。《红楼梦》里有一句话："世事洞明皆学问，人情练达即文章。"修炼好传记作者自身，是创作的首要条件。

说到底，一位优秀的传记作者的好作品，并非靠练嘴练出来的，更不是跑"关系"跑出来的，而是靠练笔练出来的。

[第二十六章]

创作史诗性的时代人物传记作品

一部人物传记最大的成功是什么？莫洛亚所著《伟大的叛逆者——雨果》和艾萨克森所著《史蒂夫·乔布斯传》，居然有着异曲同工之妙——堪称时代的史诗。

在挖掘人性的深度上，两位作者在作品上反映的一致性，足以令人惊叹，那就是真实。

反映个性的真实，反映时代的真实，或许是传记作者所追求的历史使命。

一部人物传记的最大成功，无疑是成为史诗性的作品。

往往这样的传记作品，不仅在撰写一位历史人物的生平，还同时记述了一个时代。法国作家安德烈·莫洛亚所著《伟大的叛逆者——雨果》，便被称为史诗性的传记作品。

一
安德烈·莫洛亚著《伟大的叛逆者——雨果》

众所周知，法国伟大作家雨果以其创作的《悲惨世界》《巴黎圣母院》等不朽的文学巨著，闻名于世，其作品至今为世界广大读者所喜爱。雨果经历了19世纪法国几乎所有的重大事变，他一生的活动和创作，闪烁着伟大的人道主义光芒。他的作品堪称世界文学宝库中的杰作，巨大的影响已经远远超出了文学界，他是深受民众爱戴的法国文化先驱者。

创作这样一位伟大作家的传记，绝非易事。当法国作家安德烈·莫洛亚开始创作《雨果传》时,遇到了极大困难,因为维克多·雨果逝世的那一年,他才刚出生。自然,他不可能亲自采访到雨果了。

莫洛亚在传主不在世的情形下,如何客观地撰写这位世界著名作家的传记呢?

一是,实地采访。莫洛亚在创作过程中,时常到雨果生活过的地方去实际感受并寻访,几乎逐一找遍了雨果生前所有接触过的亲友,对主人公经历的每个历史阶段以及生活环境,都有了感同身受的体验。

二是,研究原著。莫洛亚花费大量时间,精心研读雨果遗留下来的所有著述、日记以及书信等珍贵史料。在充分占有大量素材的前提下,他的脑海中不时浮现出雨果生前的一幅幅生动画面,在产生创作冲动之后,才开始动笔创作《雨果传》。

历经数年,莫洛亚终于完成了一部既称得上历史文献,也颇具艺术价值的传记文学作品。后人评价这部作品不仅生动记述了主人公的坎坷经历,更深刻地揭示了他的独特性格,展现了一个伟大作家复杂而多样的内心世界。

这部生动的人物传记,呈现给世人的是一个有血有肉的人,既是天才,也是生活在真实世界里的充满强烈欲望的活生生的凡人。

莫洛亚通过这部作品对雨果作了客观评述,把雨果这位伟大

---

① 安德烈·莫洛亚(1885—1967),法国著名传记作家、历史学家,先后著有《雪莱传》《拜伦传》《屠格涅夫传》《雨果传》《巴尔扎克传》等。他于1939年当选为法兰西学院院士。1965年,戴高乐总统授予他荣誉军团一等勋章,表彰他一生在文化艺术方面的卓越贡献。

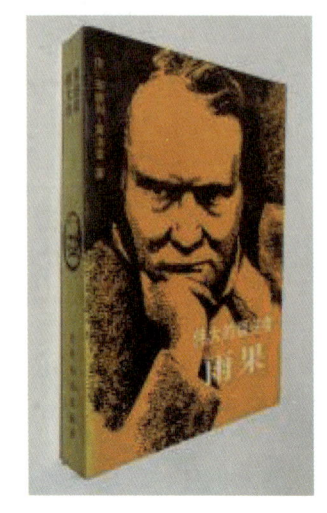

雨果著《悲惨世界》　　　　　　　《伟大的叛逆者——雨果》

作家的一生，概括为四个词，"现实地生活、创造、恋爱、痛苦的人"①。

凡阅读过这部著作的人，都会发现它有三个显著特点：

一是，真实。这部传记的出版，让人们看到了一个集伟大与平凡、疯狂追求物欲与女人肉体于一身的作家，一个有着正常或者说超常的七情六欲的人，一个真实的活生生的人。

二是，可信。褪去雨果身上的"光环"，基本还原了一个伟大而又具有各种强烈欲望的天才人物。书中毫不避讳主人公的各种生活陋习，这些陋习甚至让某些人不想再和他过多接触。这些有根有据的真实叙述，使读者觉得十分可信。

三是，反映了风云激荡的时代。通过雨果身上强烈的时代烙印，读者看到了时时涌动着的变革潮流，通过裹挟在滚滚洪流中的

---

① 引自安德烈·莫洛亚著《伟大的叛逆者——雨果》，陈伉译，世界知识出版社，1986年版。

各阶层人士的内心碰撞,展现出宏伟又真实的时代背景,使人不禁掩卷深思。

二
沃尔特·艾萨克森著《史蒂夫·乔布斯传》

沃尔特·艾萨克森[①]所著《史蒂夫·乔布斯传》的出版,在全世界范围引起了轰动。这部数十万字的厚重的人物传记,其独特而辛辣的写实笔法,颇值得探讨借鉴。

无人不遗憾——乔布斯这位天才的一生是短暂的,享年仅56岁,却也是无比辉煌的。他是新时代世界创新精神的代表人物——在父母简陋的车库里开始创业拼搏,最终成为全球股界市值最高的商界领军人物。

艾萨克森以客观的纪实笔法,奉献给读者一个真实的当代传奇人物。按照一般笔法写作,极易把乔布斯写成一个自幼怀揣理想的阳光男孩,靠闯荡打拼而成为一位商界成功人士。但艾萨克森却没有按照俗套来写,而是客观记述了一个真实可信的乔布斯。

---

① 沃尔特·艾萨克森,美国著名人物传记作家,1952年生于美国新奥尔良。他从哈佛大学、牛津大学毕业之后,先后成为英国《泰晤士报》记者、美国《时代》周刊总编辑和世界传媒巨头CNN公司总裁。他撰写并出版了《基辛格传》《史蒂夫·乔布斯传》《本杰明·富兰克林:一个美国人的一生》《爱因斯坦:生命的全部》等传记畅销书。

实际上，乔布斯并非一个与生俱来的好男孩，而是一个命运不佳、被父母遗弃的私生子，从小被收养，自幼桀骜不驯，是一个仅读了半年大学便中途辍学的"坏学生"。更令人侧目的是，他年纪不大，居然开始吸食毒品，成了一个没走正道的"另类"。令人称奇的是，乔布斯年仅13岁，便毅然宣布不再信仰上帝，而用几年时间尝试解读禅宗的真谛。

乔布斯在思维迷茫而又急于求解的年纪——19岁，自东方印度旅行归来，终日冥思苦想并修禅入定。也许，正因为他加入了宗教——"苹果庄园"，才有了"苹果"公司这个显赫名字。令人难以想象的是，他并没有陷入社会学的苦行僧历练的泥潭，偏偏刻苦钻研自然科学，经常泡在著名的斯坦福大学里，全神贯注地旁听物理学及工程学等一些跟他原专业毫不相干的课程。

在艰难创业的过程中，乔布斯曾忍辱负重，其所创办的公司一度连续亏损，几近破产，更可怜的是他还曾被董事会赶出亲手创办

史诗性的人物传记——《史蒂夫·乔布斯传》

的苹果公司十几年。他费尽心思收购的一家公司，险些被迪士尼公司当成破烂甩弃……

真实，所以感人。乔布斯再次回归苹果公司，缘于其酷爱音乐，曾多次试验而成功制作出了音乐播放器。谁料，这个小小的音乐播放器竟意外铸就了苹果公司和动画电影的传奇商机。然而，乔布斯没有发出任何豪言壮语。按他异常低调的实话说，制作出音乐播放器iPod，纯粹出于个人喜好。

大凡天才，无不具有偏执的独特性格。从乔布斯的人生经历中，可以清楚地看出他偏执又固执的性格。偏执——不达目的，死不罢休；固执——不创新就等于死亡。为此，他不惜以付出生命为代价，直至人生的终点。或许人们对他一生中的细节会淡忘，但可能会永远记住，乔布斯于2005年在斯坦福大学发表的那次闻名世界的演讲：

> 再次说明的是，你在向前展望的时候不可能将这些片断串连起来；你只能在回顾的时候，将点点滴滴串连起来。所以你必须相信这些片断会在你未来的某一天串连起来。你必须要相信某些东西：你的勇气、目的、生命、因缘。这个过程从来没有令我失望（let me down），只是让我的生命更加地与众不同而已。
>
> ……
>
> 当我17岁的时候，我读到了一句话——如果你把每一天都当作生命中最后一天去生活的话，那么有一天你会发现你是正确的。
>
> ……

> 没有人愿意死。即使人们想上天堂，人们也不会为了去那里而死。但是死亡是我们每个人共同的终点。从来没有人能够逃脱它。

这不仅是一位天才的心声，也是留给一切有识之士的大实话——走自己的路，让别人去说吧。

如何面对死亡，往往是一位伟大人物殊于常人之处。当乔布斯不幸身患癌症，被告知生命仅剩几十天之际，他却出人意料地对外宣称：没有什么比即将去见上帝更能使人竭尽全部精力。他将临死时的惊悚，变成了神奇的人生动力。他那惊世骇俗的"疯话"和超凡脱俗的举动，极为真实也令人可信。

或许这部人物传记的价值，就在于从多角度记述了这位奇特的天才人物——乔布斯，在人生各阶段的真实生活状态。艾萨克森在这部沉甸甸的书中毅然屏弃打造"光环"，也在竭力避免对于传主的一味吹捧，此书内容既有褒赞也有不留情面的斥责，甚至包括他令人厌烦且不为人知的另类面孔。

恰是如此，才使世人看到这位天才真实的多面性。在这一点上，他也许有着与雨果惊人的异曲同工之妙。

无可否认，乔布斯生命顽强而独特，尤其还有着多变的古怪性格。纵观古往今来的天才，其性格中大多存在"多变"，也许这缘自天才求变、求新的相似基因。一般人不易理解他一向表情冷漠，时而十分粗野、暴躁且过分情绪化，时而出现超乎想象的过激行为。他奇特的创造力与其奇妙思维一样，时常使人不可思议。

这不禁令世人发问，在乔布斯的多面人生之中，究竟哪个才是真实的乔布斯？

为此，艾萨克森竭力遍访最了解他的身边人，尽可能斩获绝不人为粉饰的第一手资料，力求让真实的记述逼近生活中最真实的乔布斯，这堪称此书的最成功之处。

（1）数十次采访乔布斯本人，彼此进行了深入的沟通和交流，使艾萨克森最先成为最有发言权者之一，这是此书成功的最重要的因素。

（2）多次采访乔布斯家人，在乔布斯家与他的家人一边聊天一边吃饭，了解到许多外界所不知的乔布斯的生活内幕。

（3）遍寻并采访了乔布斯生前的众多朋友，透彻了解到他多面、多变的奇特性格。多重性格是乔布斯区别于他人的重要"脸谱"。

（4）多角度地搜集真实资料，挖空心思，甚至从乔布斯的市场敌手的嘴里，挖掘出许多重要的第一手"故事"。从奇特角度获得的独特资料，其真实程度令人吃惊甚至难以置信——真实而鲜为人知。

（5）实地采访乔布斯身边发生过的各种关键事件。艾萨克森声称，不需要任何掩饰——热情邀请亲历者叙述与乔布斯彼此交往的详细过程。他还极力鼓励这些知情人讲述对乔布斯的各种真实看法，有些情况是外人所不知的。而这恰恰反映了乔布斯多角度的传奇人生。

（6）采访乔布斯从前的女友，这是一般作者难以想到的角度，使他又获知了不少外人所不了解的有关乔布斯个人情感方面的内容。而其中乔布斯鹤立鸡群的独特生活细节，成为这部人物传记成功的看点。

尤其值得一提的是，艾萨克森周围的一些人可能出于好意，反对他去采访乔布斯的前女友，唯恐招来过多麻烦。而艾萨克森执着地认为，真实最重要——让最亲近的人提供真实的情况，当然最具真实价值。于是，他颇费周折地寻找并采访乔布斯的前女友——这位一度最亲近他的恋人，以亲身接触的经历，对他作出了直接而中肯的评价：

他这个人性格古怪，待人简直是想象不到的开朗又异常无情，瞬间多变。倘若把他当成一个普通地球人来看待，乔布斯实在称得上是一个奇怪的"组合"。

艾萨克森还刨根问底地采访了苹果公司的首任执行官。果然不出所料，这位与乔布斯共事多年的同事，回忆起乔布斯不为人知的怪异举动：

公司召开高层会议时，为了释放日常工作中所受到的巨大压力，乔布斯有时居然全然不顾别人怪异的目光，当众放肆地把两只光脚放入马桶里浸泡。

艾萨克森还寻访了乔布斯的早期设计团队。已离开苹果公司的一位骨干成员，回忆起当年的乔布斯：

说起来，乔布斯算不上真正的计算机的技术人员，更没法和微软公司的比尔·盖茨相比。但他对于计算机技术具有一种常人所没有的惊人直觉，他介入公司的设计和管理，最终改变了我们对电脑的基本概念，更从根本上使电子消费方式发生了巨变……说实话，过去我们并不明白他所谓对电脑的"友好"有什么实质意义，确实是乔布斯让我们懂得了这些……

在苹果公司的员工眼里，乔布斯这个怪才绝不相信什么市场调研，而宁可相信自己的直觉。他的话像平时一样异常尖锐刻薄——"请问贝尔在发明电话之前，做过什么市场调研吗？"

最终，艾萨克森提出了一个似乎是自问自答的疑问——乔布斯属于那种聪明绝顶的人吗?

接着,他对此作了明确回答——事实上,乔布斯与一般意义上的高智商不同,他是一个天才。他的成功揭示了高智商和天才的区别,那跳跃式的思维往往出人意料,具有惊人的魔力,他靠直觉而非缜密的分析来决断。乔布斯经历过禅宗佛教的顿悟,不会坐在那里死抠数据,而更像是一位神奇的带路人,可以准确地预知未来世界的大趋势。

在一对一的采访中,乔布斯试图揭开自己的思维之谜。他不加掩饰地告诉艾萨克森,他游历印度半年多之后,开始觉得相对"西方人的理性思维"来说,东方人的直觉反倒更具强大的诱惑力。他发自内心地感叹说:

印度人用直觉替代智慧,却比智慧更准确。这无疑对我的思维方式产生了前所未有的深远影响。

显然,乔布斯的直觉绝非来自传统的刻板的书本,而是源自实践中积累的智慧。正如爱因斯坦说过的,"想象力远比知识更为重要"。艾萨克森披露了乔布斯那"菩提树下"式的感悟,更揭示了乔布斯成功背后的秘诀。

自古以来,中国和印度都出现过不少精于分析的思想家和知识渊博的大学者。但聪明人即使受过再高等的教育,也不见得能够产生超乎人类的奇思妙想。而美国这个以移民优势而著称的现代化国家,其妙处就在于能产生出更具创新思维和丰富想象力的超级人才。

难能可贵的是,他们懂得怎样把人文科学和自然科学结合起来。这正像乔布斯毕生所验证的,这才是创新的真谛。[1]

---

[1] 此节部分内容,参阅各媒体记者对沃尔特·艾萨克森的采访记。

三
两部伟大传记作品的启示

以上两部人物传记作品，分别属于社会科学领域——法国大革命时期的文学家雨果，以及属于自然科学领域——高科技时代的科学家乔布斯。领域虽然截然不同，却出奇地具有异曲同工之妙。

法国作家安德烈·莫洛亚所著《伟大的叛逆者——雨果》，把主人公置于一个发生着翻天覆地变化的伟大历史背景中去刻画，既详尽介绍了传主坎坷跌宕且打动世人的传奇一生，还以他个人的独特故事为线索，描绘出其背后的一幅波澜壮阔的历史画卷。这既展现了一位伟大作家可贵的创作探索，也成为后人传记写作的模板。

不言而喻，莫洛亚的传记创作经验，堪称一次经典式的探索，至今仍然值得借鉴。可以说，莫洛亚通过《伟大的叛逆者——雨果》，以一位站在社会科学领域前沿的代表人物，反映了一个社会变革的伟大时代。

而沃尔特·艾萨克森撰写的《史蒂夫·乔布斯传》，则以一位现代科学前沿的传奇人物，反映了一个正在突飞猛进的高科技时代。

需要指出的是，艾萨克森在现代社会所作的传统采访和撰写方式，值得传记作者高度关注和反思——搜集原生态资料的"原始方式"，以及对于人性力求最客观全面而深入的挖掘。

毫无疑问，以上两部优秀的人物传记作品，揭示了一个共同点：

独特的创作道路，源于独特的思维——这才可能产生独特的天才。

然而，在揭示人性方面最值得世人关注和思考的，倒是乔布斯临终的一句内心独白：

"'记住，你即将死去'，是我一生中遇到的最重要的箴言。它帮我指明了生命中重要的选择……你已经赤身裸体了，你没有理由不去跟随自己内心的声音。"

在深刻挖掘人性的深度上，两位不同国度且非同一时代的作者在传记作品上反映的一致性，足以令人惊叹。那就是——真实。

反映个性的真实，反映时代的真实，也许就是传记作者所追求的历史使命。

[附录]

为历史留下鲜活细节
——创作人物传记的点滴体会

自然科学的发展,聚焦于尖端高科技——包括芯片制造的制高点。国际之间高科技的竞争,早已悄然进入外太空博弈。

社会科学的进步,在比谁采用更高效的社会制度和手段,使人民过得幸福。

传记则在记录世间人物最精彩的瞬间——

比谁读透了典型的人性。

人物传记是真实历史的承载。虚假的历史和虚假的人物,是传记文学的耻辱。

留下真实的历史,乃是人类共同的财富。

第一
为什么写人物传记

为历史留下真实记载，留下鲜活而真实的人物形象。这是传记作家的使命。

人类历史发展，主要表现在两个方面：

一是自然科学的发展。它不仅表现在高楼大厦等这些物质层面，更集中体现在尖端科技，包括芯片制造业的竞争和发展。人类几千年来积累的历史，说明了这一点。国家高科技发展，尖端的尖端，首推航空航天，乃至外太空领域的博弈。

对此，一代伟人半个多世纪前便曾展开过无限宽广的高端思维："坐地日行八万里，巡天遥看一千河。"它既透射出伟人诗人般的浪漫情怀，也说明人类已进入比尖端、比高科技发展的新时代。

当今人类竞争或争夺的焦点，是尖端科技，无论是军用还是民用，对全球的控制力都取决于这一点。如现在的民用，最突出表现在通信方面，一颗卫星上天，它的覆盖率、准确率、应用效果如何；再如军用，不仅体现在爆炸当量，运载工具能打多远，等等，还有对全球的控制力，也取决于本民族的高科技的发展。

二是社会科学的发展，更重要的是研究人性的演变。有人说，人性没有变化，本来就是"人之初，性本善，性相近，习相远"。显然这是另外一个概念，这里指的是从奴隶社会所带有的人身依附的奴隶性，到封建社会禁锢在土地上的"顺民"，再到当下这种民主与法制的概念，全球理应是一样的，在比谁用更有效的社会制度和手段，使人民经济上富足、精神上满足、生活上幸福。在人类社会的历史演化中，这种人性的演变是看得见、摸得着的，是活生生的人性。

优秀的人物是民族的英雄，是全人类的英雄。人物传记不仅要记述他们在科技方面的成果和进步，同时也要反映他们在推动人性向"善"方面演化的作用。老一代科学家报效祖国之心始终未变，有的人在"文革"期间受批斗，在国内过着清贫的生活，拿到的报酬只有国外的1%甚至更少，却为国家的高科技发展，作出了卓越的贡献。所以，要深刻发现、挖掘每一位传主的特点和人性的变化，这样才能写好人物传记。

否则，千人一面，虽然写出来的作品不一样，但模样却都差不多，这类传记就没有多大意义了。

当今作"传"的成本越来越高。过去亦如此，人类只有完成基本的生活需求之后，才有可能作传记史。古代结绳记事，只是系一个疙瘩表示一件事，用联想式的连写带画地象形地记载历史。实际上，传记作者是人类的史官，是人类记载历史演化的史官。人物传记生动地反映了历史发展的轨迹，记载了人类发展史上活生生的灵魂。

人物传记是真实历史的承载。虚假的历史和虚假的人物，是传记文学的耻辱。无人不晓，鲁迅是一位很有个性的文学家，他对《史记》的称颂，我认为是异常深刻的："史家之绝唱，无韵之《离骚》。"这是对司马迁的《史记》记载历史真实程度的肯定。《史记》令鲁迅这么挑剔的文学家都发出如此感叹，我们是否可以从中有所借鉴呢？

然而，当今编史造假的不少，胡乱歌功颂德，把领导吹捧成神仙，并非个别现象。一些官员或企业家，有点儿文化基金，就让手下的人、新闻写手、文化枪手胡捧乱吹地写自己。对此应引以为戒。

传记作者将最珍贵、最真实的第一手史料拿到手，比图书本身更有价值。

当今不缺官，但却可能缺一个史官、一个正直的史官。古有晋国太史董狐肩负历史使命，记载下"赵盾弑其君"，并在朝廷公开宣示。司马迁赋予他"不虚美、不隐恶"的实录精神。如今作者拿了稿酬，就得负责。这里所说的"负责"，不是对钱负责，而是对历史负责。留下真实的历史，这是人类的共同财富。

第二
如何看待人物传记

一、真实是传记文学的生命

传记的生命是真实。从另一角度讲，文学的生命也是真实。不过对此提法，存在着争议。有人说，传记是真实的，纪实文学是真实的，但小说怎么是真实的呢？实际上，小说也需要真实，它是另一种意义上的真实，即艺术上的真实。老北京人总爱说这么一句话，这本小说甭看，都是瞎编的。什么叫瞎编的，所有小说都是编的，为什么单单说它就是瞎编的呢？也就是说，它编得脱离了实际，譬如写的是20世纪60年代的故事，内容却离了谱儿，背离了那个年代的基本特征。

如果写人类长出了翅膀，那只有在幻想小说里出现。真正的科幻小说是给科学插上理想的翅膀，一部分是可以实现的。我幼年看过许多科幻小说，其内容是带有某种科学预测性质的，有的预测现在已经变成了现实。小说也不能胡编瞎写，要强调艺术的真实性。传记文学不是文学传记。文学传记是往小说上靠，以一个人的名义来写，指山卖磨，写出来完全不是那么回事，体现的主要是文学构思。

传记文学与文学传记的根本区别，在于传记要真实。但"无文无以行远"，如果你写得非常枯燥，如同公文，那也没人看。传记文学要采用优美的文笔，给人以一种真实的享受。优秀的人物传记可以流传千古，而官位可能仅是官在权力在，即"文章千古好，仕途一时荣"。

传记文学讲究运用优美的文学笔法，而不是虚构的小说笔法。其原因在于真实是传记文学的生命。文学的生命也是真实，不过是艺术的真实。虚构也须有基础，不是凭空闭门造车。传主一生经历的年代以及基本史实，不能任意瞎编，如果连文学逻辑都不能自圆其说，那是根本站不住脚的。

二、撰写人物传记意味着"戴着镣铐跳舞"

撰写人物传记和纪实文学是一样的。我因为撰写人物传记，被迫打过几场官司，有幸的是，每场必胜，因为我从不瞎编乱写。如果有人说本人写得不对，我就拿出传主本人的签字，拿出原始档案的复印件，甚至拿出传主的录音、录像给他看。"戴着镣铐跳舞"，就是要求作者既写得非常精彩，又要真实——这把作者捆得死死的，还要你跳出高难度的动作来。原因在于如果稍有一点儿不真实，就可能有人状告你。写传主的优点好说，但写传主的缺点，只要稍微不符合事实，传主就绝不答应。

"戴着镣铐跳舞"，这不仅是对作者传记水平的考量，也是对其整体素质的检验。

实际上，撰写人物传记的过程，无异于对作者心灵的净化过程。创作时，要有一种强烈的责任感，不能瞎编。撰写人物传记要始终维护传记的生命——真实，但要达到真实非常之难，受各种条件的制约。要想写实，必须写细。人物的基本情况、简历不用写，档案里全有，除非核查出他本人写的跟组织调查的不一样。是否要以组织调查为准，在有的问题上还要打个问号，并不是盖了公章就是对的，所以写传记尤其要注意这个问题。

我多次遇到过这样的问题，盖着公章的未必就对。有的人盖了公章的结论是"右派"，最后又改正了。撰写传记要据实写真，存史求真。这是我的切身体会。

撰写人物传记既要遵从当前的法律界定，又要维护当事人的某些隐私，因为公众人物与普通人士毕竟有所区别，而且，有的传主从事的行业还要受中华人民共和国保守国家秘密法的保护。这些"镣铐"把传记作者捆得很结实，但却要求你在有限的舞台上跳出高难度的"舞蹈"。这实际上是对人物传记作者的考试。它不仅在锤炼作品，也在锤炼作者。

三、搜集真实的第一手史料

我自 1990 年代初，有幸受邀出席在北京人大会堂举行的中国传记文学学会创始大会及担任第四、五届中国传记文学学会副会长以来，接触了大量的传记文学和纪实文学作品及作者。其间，发现一个颇值得注意的问题,有些号称人物传记,部分内容却有编造之嫌。例如,有一位知名科学家,有的记者捧他,拔高他回国是出于爱党爱国之心(他本人并非中共党员)的驱动。

实际上,他回国的真正原因是失恋——"我没有追到对象,我一定要成名,要让她看看,我是个什么样的人,我就专心干一件事,最后成功了,国家请我回来,还获了奖。"这种真实动机,若其本人同意,如实写上便是点睛之笔;若其本人不同意,可以跟他商议,哪怕用一个小的"春秋"笔法,也要写进去,披露真实获奖历程就显得更为真实。

搜集真实的第一手史料,是撰写人物传记的基础。曾有人询问我,所收集的第一件关于晚清的文物是什么?我收集的第一件文物,是1966年"文革"期间,著名舞蹈家戴爱莲的母亲冒雨骑车送到我家的一张红卫兵报纸。当时的中国侨联成立了一个红卫兵造反组织,印出了一期彻底批判末代皇帝溥仪的《红卫兵报》——"创刊号"。

"文革"批判末代皇帝溥仪的《红卫兵报》(贾英华 收藏)

没多久，那个红卫兵组织就垮掉了，当时印了多少份，谁也不知道。这份报纸后来成为我关于溥仪的第一件真实的纸媒文物。

多年以来，我先后采访过三百多位晚清以来的人物，当时也没抱什么宏大志向，只是因为二十多岁时写的溥仪后半生内容的手稿，连同整理的史料，被约稿的编辑取走后以他自己的名义发表了。我当时手里寸纸皆无，一赌气就是十年——重新搜集第一手史料，这样才采访了三百多个晚清以来的人物，却没料到留下了十分珍贵的史料。

否极泰来。意外遭"窃"，反倒成了我撰写传记的动力。

第三
传记作者肩负的使命

撰写人物传记与科学家研究自然科学的道理一样，心里要有谱。不仅要知道目前这个领域的最新成果，也要清楚目前国际上、国内出版的人物传记，都是一种什么真实状况。

有人说，在国内撰写人物传记，政治是第一位的，其实，国际上的传记也把国家政治放在第一位，其次是市场经济导向。出版社要讲政治，当然也要讲市场导向，同时努力打造品牌。真正能卖大钱的图书有三种：一种是唯一的，就这么一种；另一种是有历史价值再版的系列丛书；再有，就是带有新闻轰动效应的图书。

要把独特的人物的独特故事、性格、特点，甚至把独特的缺点写出来。把最真实的东西挖掘出来，体现人物真实的特点。如果人物传记写得千篇一律，千人一面，没有任何价值。

当前出版业有两大特点，第一是不景气，这是不争的事实，有些书根本卖不出去。第二是纸质图书销量下滑趋势非常严重，网上读书、购书，已渐渐成为青年人的主流，国内许多实体书店破产，雪上加霜。所以，人物传记要考虑多种出版形态，不仅要有纸质媒介，还要考虑网络、光盘、视频等多种融媒形式。

对于中国传记的基本评价。我认为中国是一个传记大国，但不是传记强国。数量很多，是大国，但也是弱国。中国传记的主要问题不在于忌讳太多——受法律约束，还要受政策影响，再有一个道德因素。还有一个问题，就是存在重历史事件，轻历史人物，对有争议的历史人物，便往往回避对其进行评价。对历史人物的客观评价，不能动不动就提什么"翻案"，而应重在借"鉴"，即借用几百年前或几千年前的"铜镜"照一照，研究今后的路怎么走。真正的传记作者和历史学家会总结过去历史当中值得借鉴的深刻教训，而不是随"风"乱捧，这才是对历史的贡献。

同时应当正视，中国传记文学尚未走向世界，至今影响力较弱，亟须进一步提升创作水准及传播力。

一百多年来，中国传记文学曾经形成过两座高峰。一个在20世纪30年代前后，另一个则在近20年来。后者形成的原因有两个，一是社会环境相对宽容和宽松，传记创作出现了繁荣迹象；二是随着社会经济的发展，不少人渴望青史留名，开始重视传记。从以下一组统计数字，不难看出中国传记文学发展的阶段轨迹。

从1911年到1949年的39年间，我国共出版人物传记3703种，这个数据是从版本图书馆查到的，平均每年出版不到100种；从

1950年到1966年17年间，共出版人物传记作品380种，每年平均22种；从1979年到20世纪80年代末，共出版人物传记200多种；20世纪90年代出版人物传记300多种。从1995年起每年出版人物传记达400种以上，目前每年出版长篇传记2000部左右。①

由此可见，人物传记创作与出版正在逐渐进入一个黄金期。传记出版增多是福音，但市场竞争也在加剧。人物传记作者任重而道远。

---

① 此数字参考自杨正润编《传记文学新近学术文论选》，中国青年出版社，2011年1月第一版。

[后记]

《怎样写人物传记》一书，由作家出版社再版，乃是缘分。

需说明的是，此书再版增加了初版时删去的五章内容，即怎样撰写自传、口述自传的撰写、怎样写回忆录、儿童画传的撰写及老年人画传的撰写；还增添了人物传记本不该缺少的一章"怎样续修家谱"。另外，还增加了以《杨振宁传》、《钱学森传》、《任正非传》、《袁隆平口述自传》、《心若菩提》（曹德旺自传）、农民院士朱有勇的传记等作为案例的分析，使此书兼顾当代各领域的代表人物；又补充了溥仪和溥杰的自传、德龄和容龄的自传、杨绛的自传等典型例子。尤其增加了《文史资料选辑》以及红色江山的开创者——红军将领撰写的《星火燎原》《红旗飘飘》等一批文史资料。这使此书更趋完整，不仅彰显了当今人物传记的爱国主流导向，也更适应现代人撰写人物传记的实际需求。

鉴于此书是我国第一部从理论到实践阐述怎样写人物传记的专著，填补了当前人物传记领域在创作和教材方面的空白，初版之际引起了各方密切关注暨反响。相关人物传记研究机构及专业刊物，纷纷发表了评论。

此书初版之后，受到各界欢迎。嗣后才知，大学和中学乃至小学，以及相关机构和传记作者急需此类传记教材。由于《怎样写人物传记》一度断档，有的网上书店竟将此书炒到单价上百元乃至八九百元以上。一位中国传记学会理事甚至打电话向我反映此事并当面求书，使我惊诧不已，也使我深感此书并非写得如何完备，而是恰巧满足了各界的迫切需要。

提及此书的问世，纯属偶然。2013年，我的一部新书《末代皇帝的非常人生》，荣获中国传记文学奖。在颁奖仪式上，中国宇航出版社编辑部主任当面邀请我去讲授如何写人物传记，我当即欣然应允。

当年8月，我在中国航天科技集团人才培训中心，为"中国航天院士传记丛书"第二期作者和编辑开设了讲座。没料想，反响热烈，在场人员纷纷就人物传记创作提出了许多具体问题。我仅以个人的创作经验、教训，尽可能详尽地作了解答。然而，在两个多小时的讲座中，人物传记创作的一些实质性问题，还远远没能谈及。

说实话，讲座前一天晚上，我仅来得及草草撰写了一个简单提纲。此前，因为始终关注国内外传记文学的现状，故搜集了一些国际上传记文学的概况并作了简析。讲座结束之后，出版社编辑将我的讲课录音整理了出来。正巧，我也甚感言犹未尽，遂萌发了一个念头，趁热打铁写一本书——《怎样写人物传记》。其实，这是我数十年来从事人物传记创作积累的体会，欲借此诚望得到各界朋友指教。

我深切感到，撰写人物传记最重要的是搜集到第一手的真实史料，这是最为关键的。多年以来，我先后业余自费采访过三百多名晚清以来的历史人物并作了采访记录，更重要的是，留下了数百小时晚清以来人物的录音及部分录像，还收藏了数千张末代皇帝溥仪以及其他晚清人物的珍贵照片，其中一些属孤版，乃至还收藏了溥仪的部分遗物，包括溥仪收藏多年的爱新觉罗原版宗谱以及光绪末年的珂罗版照片集等珍贵历史资料。这正构成了我撰写"末代皇帝系列"人物传记的生动素材。我一度认为，这属于人物传记之外的收获。如今看来，这正是晚清人物传记所不可缺失的珍罕史料，其史料价值甚至超乎人物传记本身。

通过数十年"末代皇帝系列"人物传记的创作实践，我发自内心地告诉朋友们几句大实话：真实，是传记文学的灵魂。

留存下不可再得的珍贵史料，远比撰写人物传记更重要。

这是我在北京大学及台湾数所大学讲学时，发自肺腑的感言。彼时，课堂上海外学者当场询问我：创作"末代皇帝系列"，想表达的主题是什么？我当即回答说：

社会制度，是衡量社会进步与否的标志。

这个答案，使不少师生感到意外。还有的师生当场询问：如何看待你本人的"末代皇帝系列"作品？

我笑了，当即诚恳地回答说：我的作品并不重要。有缘的是，我有意或无意间留下了这些珍贵史料，由衷感到此乃历史的缘分。江山代有才人出，有了这些真实的史料，今后会有更多的才子写出比我更好的"末代人物"传记作品。我坚信这一点。

遗憾的是，一些优秀人物的传记并没能收入拙作《怎样写人物传记》。只因此书所列举的人物传记，事先已设定一个不算苛刻的标准，即：作为现代人物传记，不仅要求人物能够站得住，还要求传记作者须亲自采访到传主。正为此，连记述我国"天眼"缔造者的传记，也未能收入此书，甚感遗憾。宁缺毋滥，也绝不可降低入书标准，以此激励传记作者实地采访并撰写现当代优秀的传记人物。我倡导独创之风及孤诣之苦心，祈望理谅是荷。

目前来看，人物传记作为一种实用写作文体，并未专门列入大学和中学课程，至今也还没有一部专门的授课教材，实乃一件憾事。但在现实社会中，人物传记的撰写方法却颇具实用性，应用范围也较广泛。真诚希冀在不远的将来，能引起各界关注和重视，在大学开设人物传记学院并设置专门的教学课程。

本书忝为国内第一部如何写人物传记的专著，或可尝试成为大学教科书及中学作文的教辅书，也可成为广大传记作者的参考书。应当说明的是，本书写作的难度在于此前没有一部完整、系统讲述怎样写人物传记的专著可资参照。遍查所有如何写人物传记的资料，仅见零散发表的几篇文章。鉴此，本书在写作过程中，尤为注意独创性，并留意参阅了前人的著述且在书中一一作了备注。

诚然，此书也是实践和思考的结果。书中所举怎样写人物传记的开头、结尾等例子，不少引用本人拙作，皆因自己所写信手拈来更容易些。再者，中华人民共和国著作权法对于引用他人发表的作品已有相关规定。我遂近水楼台先得月，亦以本人著述为例析解体会。还应说明的是，近年来，中国传记文学学会编辑了传记文学方面的论文集，我在撰写此书时，借鉴了部分观点和线索。在此一并表示谢意。

至此，感谢所有在传记文学创作方面支持过我的各界朋友。

2014年7月初版
2022年3月增订版
2022年9月29日，改毕于北京

图书在版编目（CIP）数据

怎样写人物传记/贾英华著.-- 北京：作家出版社，2024.5

ISBN 978-7-5212-2337-8

Ⅰ.①怎… Ⅱ.①贾… Ⅲ.①传记-写作-方法 Ⅳ.①K810.1

中国国家版本馆CIP数据核字（2023）第099339号

怎样写人物传记

作　　者：	贾英华
责任编辑：	宋辰辰
装帧设计：	意匠文化·丁奔亮
出版发行：	作家出版社有限公司
社　　址：	北京农展馆南里10号　邮　编：100125
电话传真：	86-10-65067186（发行中心及邮购部）
	86-10-65004079（总编室）
E-mail:zuojia@zuojia.net.cn	
http://www.zuojiachubanshe.com	
印　　刷：	河北京平诚乾印刷有限公司
成品尺寸：	152×230
字　　数：	200千
印　　张：	18.5
版　　次：	2024年5月第1版
印　　次：	2024年5月第1次印刷
ISBN　978-7-5212-2337-8	
定　　价：	45.00元

作家版图书，版权所有，侵权必究。

作家版图书，印装错误可随时退换。